元公安、テロ&スパイ対策の
プロが教える!

最新 リスク管理マニュアル

latest Risk management manual

激増する国際型犯罪から
身を守るために

セキュリティコンサルタント
松丸俊彦

徳間書店

まえがき

最近のニュースを見ていると、日本の治安は悪くなっていると感じる方も多いのではないでしょうか。

警察庁の調査でも、ここ10年で日本国内の治安が「悪化した」「どちらかというと悪化した」と答えた人は前年を上回り、全体の7割を超えています。体感的に「最近、凶悪な事件が増えた」と感じているということです。

実際、2023年の重要犯罪の認知件数は30％近く増加しています。それだけでなく、夕方の人通りの多い銀座の宝飾店に強盗に押し入る事件や、金品を奪うために躊躇なく殺人まで行うような事件がTVなどで盛んに流れています。そんな、かつての治安のいい日本では見られなかった犯罪が頻繁に起こるようになってしまっているのです。

また、「オレオレ詐欺」が初めて登場したのは十数年前のことで、報道や被害防止キャンペーンなども盛んに行われたので、一般の方はもうそんな詐欺に騙される人はいないだろうと思われるかもしれません。しかし、「オレオレ詐欺」自体は減りましたが、電話の内容を替えた「架空請求詐欺」や「融資保証金詐欺」、最近ではＳＮＳを介した「有名人を装った投資詐欺」など、より巧妙な手口で高齢者を騙し続けているのです。これらの特殊詐欺は減少するどころか、直近の認知件数は約2万件、被害総額は441億円と、どちらもコロナ後に増加し続けているのです。

特殊詐欺などの犯罪グループは海外に拠点を置き、そこから指示を出し、実行するのは「闇バイト」などで集められた若者たち。仮に実行犯が逮捕されてもトカゲの尻尾《しっぽ》切りで首謀者はなかなか逮捕されず、新たに「闇バイト」で人を集め、犯罪を繰り返しているのです。

ここ数年は特に犯罪の傾向が変わっているので、それまでの常識的な発想では被害を未然に防ぐことは難しくなっています。

さらにここ数年、一般の人のあいだでも話題にあがることが多くなっているのが、日本国内で暗躍している「スパイ」の存在です。スパイと聞くと、日本人は映画や漫画の世界のことだと思いがちですが、公安部捜査官として長年勤務してきた私に言わせれば、日本には海外のスパイが数万人規模で潜伏して、日々、日本の最先端の情報などを盗もうと企てています。

「ハニートラップ」も、政治家や高級官僚、マスコミ、国際的企業の経営者や最先端技術の研究者だけがターゲットになるわけではなく、中小企業の社員などまで狙われることがあるのです。その結果、情報漏洩による被害、トラブルも水面下では増えています。

コロナが明けて海外からの旅行者が増え、同様に日本から海外に出かける旅行者や海外出張、海外赴任、海外留学などの人数も増え続けています。よく「日本人は平和ボケしている」と言われることがありますが、実際に海外で日本人が巻き込まれるトラブルも増えています。

海外では窃盗や置き引き、詐欺などの被害がもっとも多いのですが、国によってはテロや誘拐といった日本国内では経験したことがない事態にも注意する必要が出てきています。

そのような犯罪やトラブルから、あなた自身や財産をいかに守るか。それにはバージョンアップを続ける特殊詐欺や激増する国際型犯罪、スパイや海外犯罪の実態を知り、適切な防犯情報を知っておくことにつきると思います。

私は、警視庁に20年以上勤務し主に公安部外事課などで海外の大使館のセキュリティアドバイザーなどを担当してきました。現在はセキュリティコンサルタントとしてそれらの経験を活かし、外務省やＪＩＣＡ、民間企業や一般の方々に、国内外における防犯についてのアドバイスを行ってきました。ただ、そこで実感したのは、防犯に対する意識やいざ犯罪に巻き込まれたとき、どのように対処したらいいのかという情報を多くの方が知らないということです。

そこで本書では、私が公安捜査官及びセキュリティコンサルタントとして培ってきた経験をふまえた、最新の「リスク管理マニュアル」をまとめました。実際の事件を分析するとともに、「犯罪から身を守る方法」や「犯罪に巻き込まれないようにするポイント」、「海外でのトラブル回避術」、そして「あなたに迫るスパイの実態」まで網羅しています。

また、地域の警察とつながり安全安心な地域にする方法や、公的機関の最新の情報を入手する方法も紹介しているので参考にしてください。

防犯の知識は知っているだけで、いざという時に自分の命（財産）を守ることにつながります。本書が身近で起こる犯罪に巻き込まれることなく、あなたの不安を解消する一助となれば、幸いです。

2024年5月

セキュリティコンサルタント　松丸俊彦

目次

まえがき　1

セキュリティ１　進化する最新犯罪の手口と防犯

最近の強盗事件は、雑で荒っぽい国際型犯罪　12
「闇名簿」と特殊詐欺、強盗はセットになっている　15
強盗たちも嫌がる防犯対策　20
バージョンアップする手口で、複雑化する振り込め詐欺　25
特殊詐欺グループは、海外を拠点にしている　29
高額バイト募集から犯罪に巻き込まれる　32
有名人をオトリ広告に使う投資詐欺　37
被災地を狙う悪質な詐欺にもご用心　42
自宅周辺の不審者に気づいたら、どうする　46

セキュリティ2　実際の事件・犯罪から、身を守る術を学ぶ

御徒町のジュエリー街で7件も強盗事件が続いたわけ……52
もし、電車内で通り魔事件に遭遇したら……56
事件の動機解明は難しい……59
ストーカーに狙われてしまったら？……62
受験生を狙う痴漢集団や盗撮犯がいる……67
盗撮被害も増加……71
日本で外国人がらみの事件は増えているのか？……74
大麻グミ騒動と、若者に広がる大麻汚染の実態……77

セキュリティ3　最新犯罪に巻き込まれないために

勧誘や電話での話は、その場で決めない……84
街頭で声をかけられても、足を止めない……87

リアルでもSNSでも、無闇に自分の個人情報は教えない……89
防犯フレーズ「イカのおすし」は特殊詐欺対策にも……93
人ごみは、それだけリスクも高まる環境……95
〈強盗にあったら〉とっさに悲鳴をあげてはいけない……99
〈強盗にあったら〉犯人の目を凝視しない……101
〈強盗にあったら〉背中を向けて逃げてはいけない……103
〈強盗にあったら〉闘ってはいけない……105
〈強盗にあったら〉犯人に反抗してはいけない……106
自宅に強盗が入ったときに避難する「パニックルーム」……108

セキュリティ4　日本はスパイ天国。知らないと、あなたも巻き込まれる

日本はスパイ天国……112
スパイがほしがる企業の機密情報……116
中国（香港）の反スパイ法について知っておこう……122
SNSによるスパイ活動や、なりすまし企業、詐欺集団から身を守るには……128

まさか自分に？　ハニートラップが忍び寄る……131
大学内にある孔子学院は中国のスパイ組織だった!?……135
こうやって、中国スパイは情報を抜き取る……138
あなたの身辺で行われている、スパイの情報交換法
——フラッシュ・コンタクトやデッド・ドロップとは？……140
ＣＩＡとモサドの情報工作員は、日本のやくざにもコンタクトする……143
ＬＩＮＥでのやりとりは情報が流出している!?……145
「セキュリティ・クリアランス法」はスパイ活動防止の第一歩……149

セキュリティ5　海外だからこそ油断大敵！　警戒レベルを引き上げろ！

海外旅行を最悪の思い出にしないために、知っておきたい防犯対策……154
日本人が海外でもっとも遭遇しやすい犯罪は「窃盗」……161
空港にはスリ集団が集まっている。目的地に到着しても気を抜かない……168
海外あるある！　巧みな手口であなたの荷物は盗まれる……169
海外での華美な服装はＮＧ！……175

アメリカ、ヨーロッパで白昼強盗が急増している……178
移動には、信頼できるタクシーなどを利用するのが一番……180
海外で急増？　知らぬ間にあなたがスパイになっている？……182
海外でトラブル回避の言葉（フレーズ）を覚えておこう……185
こんな人は、海外で痛い目に遭いやすい……187
第六感を働かせて！　怪しいと感じたら安全な場所に避難を！……190
急増する「海外出稼ぎ売春」で日本人女性が税関で足止め!?……193

セキュリティ6　海外で事故やトラブルに巻き込まれたら？

海外の観光地で待ち受ける、「偽造品・模造品・ボッタクリ」……198
海外あるある！　食中毒や感染症のリスクを甘く見るな……200
あなたもヘイトクライムのターゲット、偏見や差別、暴力から身を守るには？……204
外国で犯罪事件に巻き込まれてしまったら？……208
海外で盗難品が見つかっても、送ってはくれない……211
海外で出会った日本人から「事件」に巻き込まれるケースも……214

観光をしているだけなのに、スパイや密輸疑惑をかけられる!? …… 216
「チャイナ・リスク」は、日々刻々と変わっている …… 219
万が一、海外でテロに遭遇したとき、とるべき行動とは？ …… 224
あとがき …… 228

ブックデザイン／山之口正和＋齋藤友貴（OKIKATA）
写真／濱口　太
図版作成／キャップス
編集協力／堤澄江、浜津樹里（FIXJAPAN）

セキュリティ

1

進化する最新犯罪の手口と防犯

最近の強盗事件は、雑で荒っぽい国際型犯罪

警察庁の「犯罪統計」によると、2021年までの20年ぐらいの間は刑法犯認知件数は減ってきていました。ところが、最新の統計では、この刑法犯の認知件数も、殺人、強盗、強制性交などの重要犯罪も増えています。

実際、連続宝石店強盗や銀座のロレックス店強盗など、防犯カメラなどに映った犯行の様子は、大胆というか雑で、非常に荒っぽいものです。2023年1月に、東京・狛江市で起こった強盗殺人事件では、5人の犯人が強盗に入り、90歳の女性を殴って殺してしまっています。

これらの事件に共通するのは、行き当たりばったりとも思える犯罪で、現場に証拠もたくさん残しているので犯人たちは捕まっていますが、逮捕者の多くは実行犯でした。「ルフィ」と名乗る特殊詐欺グループの幹部ら4人がフィリピンで逮捕されて明らかになりましたが、これらの犯罪グループのトップが現場の実行役に指示を出し、強盗などもさせていたのです。

犯行現場で強盗を働く実行犯のほとんどは、初めて犯罪に手を染める素人の若者が中心

・刑法犯＝刑法にもとづく犯罪。交通事故によるものは除く。
・認知件数＝警察などによって犯罪の発生が認知された件数。

重要犯罪が増加している！

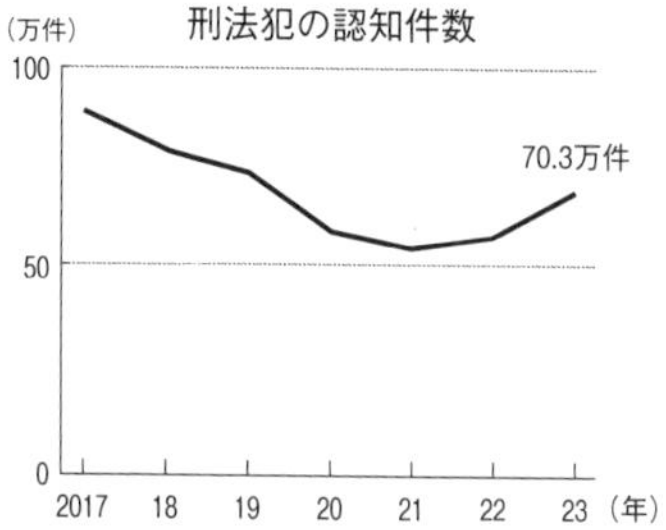

『警察白書（令和5年版）』より

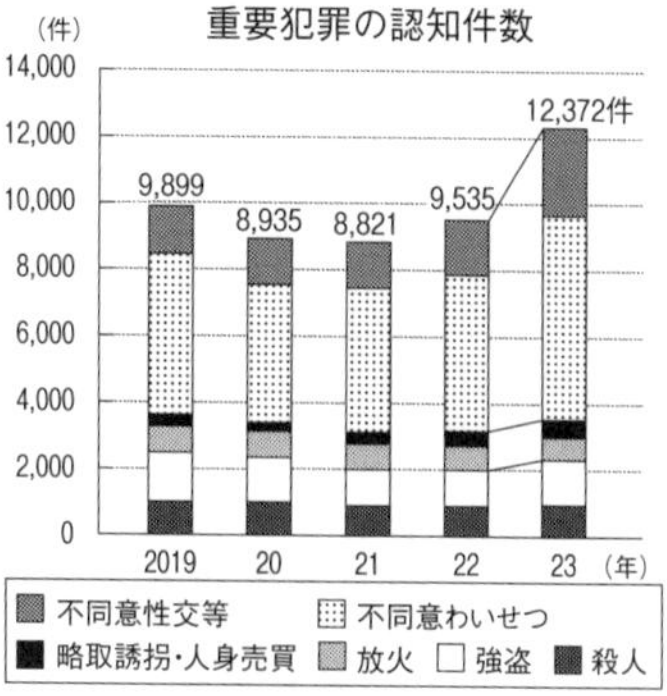

で、会ったこともないトップからの指令に従って動いていました。ですから、実行犯が捕まっても、また新たな実行犯を集めて犯罪を繰り返していたので、犯行が減らなかったのです。

「ルフィ」のいた犯罪グループと同様のグループは、ほかにも海外で摘発、逮捕されています。

ただ、実行犯となる若い人たちの中に、法律を犯すことに抵抗がない人が出てきてしまったことが心配されます。実際に連続強盗事件などで逮捕された犯人たち（未成年から30代）の供述を聞くと、借金返済のためという理由はあるものの、自分たちが犯した犯罪を深刻にとらえていません。遊ぶ金欲しさにやったとか、ゲーム感覚に近い動機で犯罪に走ってしまっています。

リアルな人間関係が希薄な中で、他人と喧嘩した経験もないのに、バーチャルな戦闘ゲームでは平気で暴力行為をして楽しんでいる感覚が、凶悪犯罪にもつながっているのではないでしょうか。私はそう見ています。

　これらの犯罪に巻き込まれたり、被害に遭わないようにする方法は後述しますが、このような強盗グループ、特殊詐欺グループの犯罪をなくすには、若者が実行犯になるのを止めなければなりません。

　これまでも特殊詐欺グループは、オレオレ詐欺などで高齢者に電話をかけてだます「かけ子」や、お金を受け取りにいく「受け子」などと役割分担して、何も知らない学生のアルバイトにお金の受け渡しをさせたりしていました。ただ何も知らなくても「詐欺罪」で逮捕され、刑務所に送られます（10年以下の懲役）。また真っ先に逮捕されるのは実行犯ですから、犯罪グループはトカゲの尻尾切りと同じで、実行犯となる新たな若者を次々とリクルートして犯罪を繰り返してきたのです。

　ネットなどに、「高給バイトあります！　1日10万円稼げます！」といった書き込みで、若者を集めたりしています。アルバイトの給料相場もよく知らない未成年者などは、興味を抱いてしまうかもしれません。そのとき、友人など周囲の人に相談して、「そんなにうまい話はないよ。危ないから止めておけ」と言う人がいれば、犯罪に手を染める人は少なくなるはずです。その防波堤の役割を担う人間関係が希薄になっていることも、今の闇バイトから強盗犯罪や特殊詐欺事件へつながる大きな要因となっています。

ポイント
SNSで簡単に犯罪グループに入り、凶悪犯罪に手を染める若者たちには、罪の意識がないことも。

「闇名簿」と特殊詐欺、強盗はセットになっている

ひと昔前の泥棒は、家に住人がいない留守を狙う「空き巣」が多かったのですが、現在は住人が家にいても泥棒に入る「居空《いあ》き」が増えています。「居空き」とは、例えば住人が2階で就寝中に1階に侵入するというように、その家の住人が在宅中に泥棒に入ることを言います。

ちなみに、泥棒といっても、大きくわけると他人の物を盗むのが窃盗で、強制力を用いて物を盗むのが強盗です。凶器を示したり、殴ったりして物を奪ったり、路上でのひったくりも強盗になります。自宅に入ってきて、強制力を用いて物を奪っていくのが屋内強盗

です。

窃盗と強盗では、捕まったときの罪状が違い、窃盗は10年以下の懲役または50万円以下の罰金、強盗は5～20年以下の懲役となり、強盗のほうが罪は重くなります。

住人がいなければ窃盗ですみますが、住民がいるところへ盗みに入れば、当然、強制力を用いることになり強盗となってしまいます。それでも強盗が増えた理由は、住人がいるほうが「通帳」や「たんす預金」が置いてある場所や暗証番号を聞きだすことができるので、犯人にとって効率がいいからです（金品を奪うということだけを優先に考え、その後のことなど考えていないことがわかります）。

ですから、犯罪の手法も違います。昔なら空き巣を狙う犯人は何度もターゲットとなる家の下見をして、そこに何人住んでいて、留守の時間帯はいつか、金目のものはあるか、家に侵入しやすい場所はどこかなど、徹底して調べてから盗みに入っていました。

しかし、実際に空き巣に入ってみたら、お金を置いてある場所を見つけるのに時間がかかったり、部屋を物色して見つけたのが数万円以下とか、空き巣犯にとっては逮捕リスクのわりに実入りが少ないということも多かったようです。

でも現在は、効率よく盗むという点から、確実に金品がありそうな所を狙っています。

特殊詐欺は減っていない！

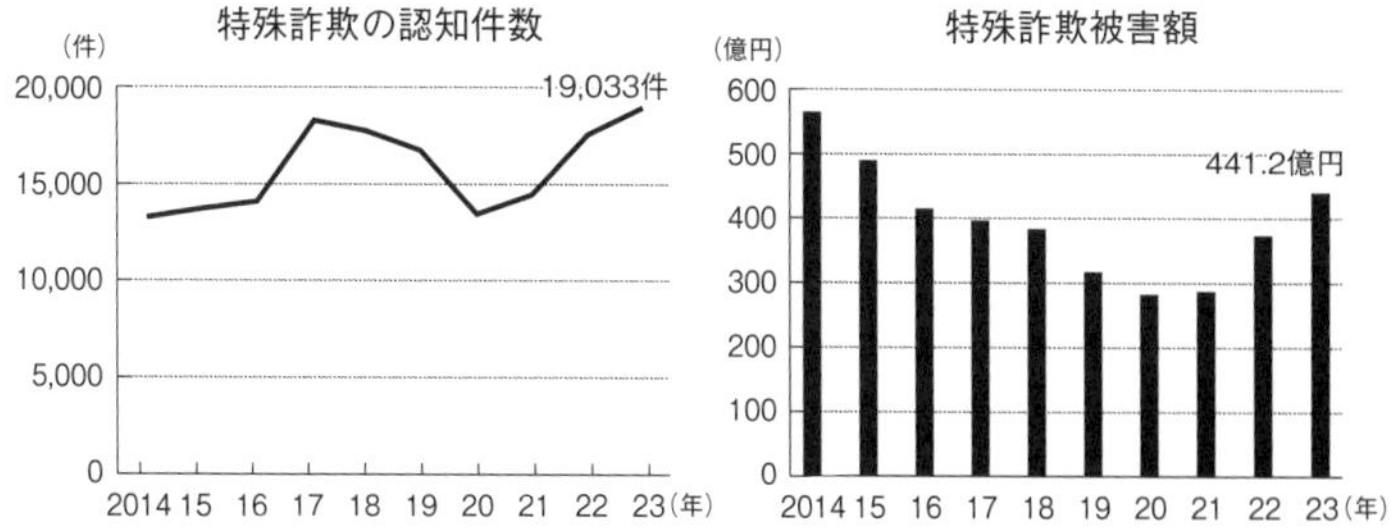

『警察白書（令和5年版）』より

そこで特殊詐欺や強盗を働く際、活用されているのが「闇名簿」です。

「闇名簿」とは、悪事を働こうと考えている人たちに流れている名簿で、卒業名簿や納税額上位者リストなど、一般に流れていた複数の名簿と、企業などから漏えいした顧客リストなどから、あらかじめどのくらいの資産があるのか、その家に貴金属や金庫があるかという情報をまとめたものです。これらの闇名簿を通して、お金があるとわかった家に、住人がいるときに強盗に入って、「金庫を開けろ、金目のものを持ってこい」と脅して、効率よく高額のものを盗もうとするケースが増えているのです。

闇名簿がある場合は、事前にある程度の情報が入っているので、1、2回の簡単な下見で盗みに入るケースがほとんどです。

下見のときは、ソーラーパネルやパラボラアンテナ、シロアリ駆除などの業者を装って、見積もりや検査などと言って家の中に入ったり、玄関先でそこの住人がお年寄りだけなのか、番犬はいるかなど調べています。

最近では、一般家庭でも防犯カメラを設置していることがあるので、盗みに入る家だけでなく隣近所も含めて周辺の防犯カメラの位置は事前にチェックしています。

また、最近のニュースでも目立つのが、高級車の盗難です。2024年4月に三原じゅん子氏が盗難に遭ったトヨタのランドクルーザーは、中東などの海外でも人気の車種で、中古車でも1000万円の値段がつく場合があるほど。このため3年連続で最も盗まれやすい車になっています。

高級車を狙う手口には、やはり闇名簿が使われていると言われます。高級車を所持している人の闇名簿をもとに、日本人の実行犯が盗みだし、GPSがついていないか確認した後で盗難車を解体し、東南アジア系の運び屋が「車の鉄くず」扱いでドバイなどの海外へ運びます。運ばれた先で、解体した車の部品を組み合わせて復元させれば、盗難車とはバレずに高く売ることができるのです。

高級車にはもともと盗難防止装置などが付いていますが、所有者は別途GPSを車につけたり、駐車場や車庫に防犯カメラを設置したり、盗難保険に入っておくことをおすすめします。

では、そもそも「闇名簿」は、どのように作られるのか？

まず正規に登録している名簿業者がいます。これは小・中・高校の卒業名簿や、小学校創設100周年記念名簿など、個人情報の扱いがあまりうるさくない時代に出回っていた名簿など、あらゆるものを集め、DM（ダイレクトメール）の発送などに利用されていました。

昔の小学校の名簿でも、卒業年度から現在の年齢はわかりますし、昔の電話帳には会社名や住所が載っていたので、そういう個人情報をあらゆる名簿から集めて、パソコンなどでリストを作成し、名前が一致する情報をまとめていくと、膨大な数の中から、確度の高い個人情報が浮かび上がります。さらに闇名簿では、貴金属や時計、羽毛布団など高額な買い物をしてる人のリストを加えるなどして、資産家と思われる人の住所や家族構成などがわかるようにしていると言われます。

さらに闇名簿には、詐欺の被害に遭った人、原野商法で土地を買った人などがリストに加えられ、情報がアップデートされて犯罪グループなどの間で流通しています。特殊詐欺や強盗をする犯罪集団はそれらの闇名簿でターゲットを決めて、犯行に及ぶというパターンを繰り返しているのです。

特殊詐欺（オレオレ詐欺など）の場合は、老人しか住んでいない家を狙ってひたすら電話をかけます。悪質なソーラーパネル業者やシロアリ駆除業者は、築年数が古い家の名簿を使ってターゲットを選んでいきます。そのように知らないうちに犯罪グループのターゲットにされることがあるかもしれませんが、大切なのは電話や訪問には対応しないで、最初からきっぱりと拒否することです。

ポイント

闇名簿からターゲットにされることも。それでも訪問販売や電話営業などは、最初からきっぱり断れば、被害を未然に防げる。しつこいときは警察に連絡を。

強盗たちも嫌がる防犯対策

強盗から自分の家と財産と命を守るためには、強盗たちが何を嫌がるかを知ることです。

防犯対策についてお話ししていきますが、まずは、逆にどんな家だと狙われやすいのかをお話しします。

強盗に狙われやすい家

1．周囲に家も店もなにもない、ポツンと一軒家

２０１９年９月、茨城県の住居に無職男が侵入し夫婦が殺害され、子ども２人が重軽傷を負った事件があります。その現場は、うっそうと茂る雑木林の中にある、いわゆる「ポツンと一軒家」でした。周囲には畑だけが広がり、最も近い民家までは数百メートルも離れている環境だったので、犯人にしてみれば、家の中に侵入してから住人たちの携帯電話を取り上げて、警察に通報させないようにすれば、時間を稼ぎながら犯行に及ぶことができます。犯人としては犯行計画が立てやすい状況だったと言えるでしょう。

最近も地方の一軒家が狙われる事件が発生しています。被害額は大きくなくても、危険な状況に巻き込まれるおそれがあるので、防犯対策を考えてください。

2. 古いタイプの警報装置を設置している家

警報装置をつけているから安心、と思っている方は多いかもしれません。しかし、実は警報装置は嵐や雨の日などに庭の枝が警報装置に落ちたりして、誤報を起こしたり故障することも多いのです。そのため、住人が電源を切ってしまっているケースもあります。設置にも維持にもお金がかかりますが、古いタイプのものだと瞬時に反応しないリスクもありますから、警報装置をつけているからと安心しすぎないでください。

強盗犯側も、防犯装置に関していろいろ研究しているので、旧式で精度が悪いものを設置している家は、狙いやすいと思っています。

3. 高い塀や木で家の周りを囲っている家

高い塀や木で囲われている家は、一見、強盗が入りにくいイメージがありますが、敷地の中が外から見通せないので、実は犯罪が行われやすい家だと言えます。特に住宅街の中であれば、塀ではなくフェンスなどで囲って隣の家や通行人から一部、敷地の中が見えるようにしておいたほうがいいというのが、防犯上、よく言われることです。

強盗犯が嫌う家

1. 警備会社のセキュリティ・システムに入っている家

一般の警報装置は、外からの侵入者に対して赤ランプが回ったり、警告音が鳴ったりするだけですが、セコムなど民間の警備会社のセキュリティ・システムでは、なにか異常があると監視センターなどに通報され、10分前後で警備員が現地まできてくれます。そして、警報が鳴った時点で警察にも異変が通報されるシステムになっているので、強盗犯にとってはかなりハードルが高くなり、その家を狙うのを敬遠します。

2. 家の敷地に防犯砂利が敷いてある家

家の玄関周りや入り口周辺に防犯砂利が敷いてあると、人が入ってくると歩くたびにギュッギュッと音がするので、住人が気づきやすくなります。やはりそのような対策をしていると、侵入者は嫌がります。また、同じように犬がいるかいないかでも違います。室内外に犬がいるとわかると、その家をターゲットから外すというデータもあります。

3. ガラスに防犯用のワイヤーが入っている

統計によると、その家に侵入するのに3分かかると侵入者の半分ぐらいが諦め、5分かかるとほぼ100%近くが侵入を諦めることがわかっています。

強盗犯がガラスを割ろうとしても、簡単に割れないガラスにしておくと（ワイヤー入りでなくても、強化ガラスや防犯用フィルムを貼るなど）、ガラスはなかなか割れず、音が出たり時間がかかるので有効です。

さらには時間をかけてガラスを破って窓のロックを外そうと思ったら、二重ロックになっていたら、強盗犯はそこで諦めます。そこまで二重三重の防犯対策をしている家だと、ほとんどの強盗犯は狙ってこないはずです。

ポイント

ポツンと一軒家のような環境や高い塀で内部が見えにくい家は、強盗にとっては仕事がしやすい。泥棒や侵入者が嫌がる家にしておこう。

高齢女性は特に注意！　手口別、高齢被害者の割合

合計		オレオレ詐欺		預貯金詐欺		架空料金請求詐欺		還付金詐欺		キャッシュカード詐欺盗	
男	女	男	女	男	女	男	女	男	女	男	女
4,244	10,634	762	2,966	231	2,466	1,754	1,065	1,074	2,159	309	1,886
22.3%	56.0%	19.3%	75.2%	8.5%	90.2%	34.3%	20.8%	25.7%	51.6%	14.0%	85.2%

「令和５年における特殊詐欺の認知・検挙状況」（警視庁）より

バージョンアップする手口で、複雑化する振り込め詐欺

ひと昔前は、「オレオレ詐欺」と言われたように、犯罪グループが息子などを装って、「オレだよ、オレ。じつは痴漢で捕まっちゃって、示談金で至急３００万円必要なんだ」などと高齢者に電話をかけ、受け取り役（受け子）がお金を直接受け取りに行ったり、ＡＴＭから振り込ませたり、送金させたりするのが詐欺の手口でした。

この手口が世の中に広く知られるようになると、今度は詐欺グループは息子を演じるだけでなく、警察官役、弁護士役、被害者役などになって入れ替わり立ち替わり電話に出て、高齢者を騙す手口へと進化していきました。

例えば、息子役の詐欺師Ａが悲壮な声で「車で事故を起こして人を轢《ひ》いてしまった」と電話をかけてきます。「えっ」と驚いていると、警察官役が電話に出て「息子さんが事故を起こし、今、被害者が運ばれた病院にいます」と畳みかけ、さらに被害者の弁護士役に

替わって、「今すぐ示談金を支払えば、息子さんは示談が成立して逮捕されなくて済みます」と、お金を振り込むように要求します。このように入れ替わり立ち替わりいろいろな役柄を演じて騙していくのが、劇場型詐欺のパターンです。

この他にも「重要な書類を失くした」、「会社のお金を横領してしまったので助けてほしい」など、いろいろな騙しのシナリオがあります。

このように手口はますます劇場の芝居のようになっていますが、それは詐欺グループが被害者に「平常心」でいられないようにして、正常な判断ができないように誘導しているからです。「オレオレ詐欺」が増えだしたときも、そんな電話に騙されるわけがないと言っていた方も多かったですが、詐欺グループはそんな人も驚かせ、平常な判断ができないようにアプローチしてくるのです。

最近では、警察官の格好をして直接自宅を訪問し、「あなたの銀行口座が犯罪に使われた。すぐに手続きをとらないと、あなたも逮捕される」などと言うので、カードと暗証番号を偽警官に渡してしまったというケースもあります。これまでなら、警察官の格好をした偽物はいないだろうというのが常識でした。偽の警官になるだけで犯罪ですから。しかし、いまの詐欺グループは、詐欺という犯罪をするためには、偽警官になるくらいなんとも思っていないのです。

国際電話番号からの電話に注意！

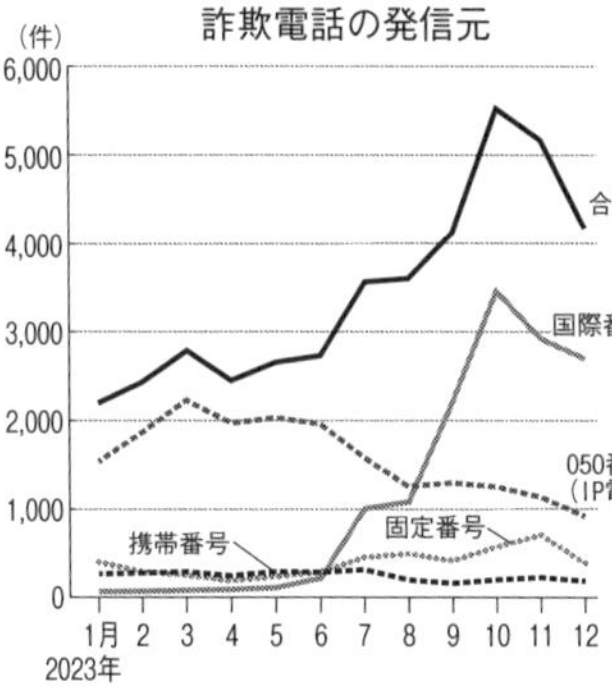

- 海外からかかる電話は、発信番号の最初に国際電話番号（例えば、＋1とか、＋86とか）がついてるので、注意。
- 050から番号が始まる電話は、インターネット回線を利用したＩＰ電話のこと。これまで契約時に本人確認が不要だったので、資産や在宅状況を聞き出す「アポ電」に多く利用されていたと見られている。

これらの特殊詐欺の被害に遭っているのは、やはり高齢者（65歳以上）が大半で、8割近くになります。

では、どのようにして被害に遭わないようにするか。「オレオレ詐欺」や「架空請求詐欺」、「融資保証金詐欺」など、いろいろな言い方がされてきましたが、電話による「振り込め詐欺」から身を守るには、

●知らない人からの電話には出ないこと。携帯電話であれば、発信してきた番号が通知されますから、知らない電話には出ないようにします。また家の固定電話であれば、番号通知サービスの機能がついたものに変えて、「○○さんから電話です」という案内を確認してから出るようにします。高齢の方の中には、「かかってきた電話に出ないと悪い」と思っている方もいますが、いつも留守電にして、メッセージを残した知っている人にだけこちらから電話をかけ直すようにしま

す。

※固定電話のナンバー・ディスプレイ契約は有料でしたが、2023年から70歳以上の契約者、または同居する場合は、無料になります。NTT東日本・西日本に申し込んでください。

●国際電話は受信拒否にする。2023年7月以降、国際電話番号からかかってくる特殊詐欺が急増したので、固定電話・ひかり電話にかかってくる国際電話番号からの発着信を無料で止めることができます。詳しくは、「国際電話取扱受付センター」（0120－210－364）にお申し込みください。

●電話に出てしまった場合、電話口の相手が「息子や市役所の職員、銀行員」などを名乗っても鵜呑みにしないこと。一度、電話を切って、息子さんやお孫さん、家族に確認しましょう。相談する人が近くにいない場合は、警察や市役所の担当課に自分から電話をかけて確認・相談をしてください。

●お金をすぐに振り込んだり、手渡したりしないこと。「今すぐに手続きしないと……」というのは騙しの決まり文句です。年金や医療費が返還される（還付金詐欺）というのでも、電話で連絡が来ることはありませんし、「今やらないと、もらえない」ということはありません。

●自宅に警察官や銀行員が来て、キャッシュカードやクレジットカードの提示を求めることはありません。提示を求めてきたら、「カードや通帳は息子の家に預けている」または「銀行の貸金庫に保管している」と言って断ってください。「今、ここにはない」と言うことで、詐欺師が付け込む隙を与えないようにしましょう。

ポイント

振り込め詐欺の手口は、どんどん進化している。電話には出ない、自分ですぐに判断せずに、電話を切って、家族や警察にまず相談しよう。

特殊詐欺グループは、海外を拠点にしている

振り込め詐欺の被害額は、2023年で441億円、認知件数も1万9000件とここ10年大きく変わっていません。被害額は減少傾向にあったのですが、ここ2年は逆に増加しています。

警察も全力をあげて対策にあたっているのですが、ここ数年は、詐欺グループの司令塔が拠点をあちこち移し、移動中の車から詐欺電話をかけるなど、足跡を残さないようにしています。さらに、特殊詐欺グループが海外に拠点を置くようになったことも捜査を難しくしています。海外は日本の警察の捜査権が及ばないので、捜査や事情聴取をする場合、すべてその国の警察に依頼して動いてもらわなければなりません。国際手配をする際、ICPO（国際刑事警察機構／インターポール）を通して捜査協力を依頼します。そこで積極的に協力してくれるかどうかは、窓口の担当者にもよるのです。

以前、私はカンボジアの日本大使館で、現地の日本人（留学生や企業の駐在員など）に対して安全講習会を行ったことがあります。

そこで、カンボジア警察や軍から最新のカンボジアの治安情勢をリサーチしたところ、シアヌークビルという都市のリゾートホテルに若い日本人の集団が長期滞在している。さらに、そのリゾート地に行く日本人観光客に、「簡単なアルバイトがあるので、紹介します。連絡先を交換しませんか？」と、怪しげな勧誘をしていると、カンボジア当局者から聞いていました。

その時点では、まだ特殊詐欺グループとは断定できませんでしたが、安全講習会では、

「現地で怪しげな日本人の集団がアルバイトの勧誘をしています。絶対に自分の宿泊しているホテルや連絡先を教えないでください。絶対に関わってはダメです」と、注意喚起しました。

その1か月後、カンボジアで特殊詐欺グループが逮捕されて、日本に移送されてきたニュースが流れました。あのときカンボジアに潜伏していた集団は、特殊詐欺グループだったのです。事前に注意喚起したことで、現地で新たに日本人が巻き込まれることはなかったので、胸をなでおろしたことを今でも覚えています。

その後も、第2のグループがカンボジアで逮捕されました。特殊詐欺グループはカンボジアのみならず、タイ、インドネシア、マレーシア、フィリピンにも拠点を置いています。

私たち、まともな日本人が今後も注意すべきなのは、海外に行ったときに、現地にいる日本人に声をかけられても、うかつに付き合わない、連絡先を交換したりしないということです。防犯対策の一番はそこにあります。

とくに海外では、見ず知らずの人でも日本語を聞くと安心して、親しさを感じてしまうものです。仮に連絡先の交換をしても、宿泊先や、住所（現地に駐在している人）を教えるのは絶対にやめてください。

連絡先だけの交換であれば、先方から「食事に行きませんか」とか、「観光地を案内しますよ」と連絡が来ても、「都合が悪くて行けません」と断ればいいのです。もし住所や宿泊先を教えてしまったら、それこそホテルの前で待ち伏せされたり、パスポートを奪われるなどの可能性もあります。だから絶対に付き合ってはいけないのです。

ポイント

振り込め詐欺のグループは、海外に拠点を置いている。海外で日本人から声をかけられても、連絡先は教えない。関わらないように。

高額バイト募集から犯罪に巻き込まれる

最近は、インスタグラムやX（旧ツイッター）などのSNSで、「高額時給のバイト、やりませんか?」という、求人募集に見せかけた闇バイトの募集が増えています。その手口は、応募や問い合わせしてきた人を、痕跡が残らないSNSなどに誘導し、見張り役や運び役などの簡単な仕事のように見せかけ、実際は犯罪の片棒をかつがせ、犯罪グループに取り込んでいくというものです。

このような闇バイトの取り締まりを警察も行っていますが、完全に排除するのは難しいところがあります。そこで現実問題としては、安易に闇バイトに応募しないよう、若者に対して「高額バイトは危険だ」と知らしめるようにしています。

それでも、闇バイトを募る犯罪グループ側も手を替え品を替え、若者たちに甘い罠をしかけてきます。こういった闇バイトに応募するのは、大体10代後半から20代の人たちです。この世代には、法律を守る意識や道徳観念が低くなっている人がいるように感じます。しかも、1日数時間で10万円も20万円も稼げるはずはありません。周りに「そんなバイトはおかしいぞ、やめたほうがいい」と助言してくれる人がいないまま、闇バイトの罠にはまってしまっているのだと推測します。

私の大学時代にも、友人が新薬の治験モデルという高額バイトに応募しようとしていたことがあります。思わず、「それ大丈夫か？　危ないバイトかもしれないぞ」と止めました。後でよく調べたら、アルバイトの募集先が正規の病院や製薬会社などではなく、怪しげな会社になっていました。

結局、友人はその高額バイトには応募しなかったので騙されずに済んだのですが、このように怪しいバイトでも、応募する手前で冷静に止めてくれる友人や家族などがいないとはまってしまう危険があるのです。

闇バイトに応募して、途中から「このバイトはやばいな、犯罪を手伝っているかも」と気づく人も少なくないでしょう。しかし、犯罪グループは一度かかわった人を簡単に抜けさせてはくれません。直接、暴力でしばりつけるかもしれません。また、バイトの応募のときに、免許証を出したり、住所を記入させられたりして、実家の住所などまで個人情報を知られてしまっているので、「おまえの実家、知ってるよ。今、抜けたら両親（家族）がひどい目にあうよ」などと脅され、抜けられなくなってしまうのです。

このような場合は、ただちに警察に行って事情をすべて話してください。そしてどう対応するべきかアドバイスを受けてから、犯罪グループから抜けましょう。仮に脅してきてもひるまず、「警察にすべて話した」と言えば、それ以上、コンタクトをとってこないはずです。

警察でももちろん、闇バイトの取り締まりには本腰を入れています。怪しいバイト広告には、削除要請をしたり、場合によってはおとり捜査で警察の捜査官が闇バイト先に応募したりして取り締まっています。

ただ、闇バイトの数は膨大で、ひとつ潰してもまた別の進化した闇バイトが出てくるので、いつまでも「いたちごっこ」となっているのが現状です。

闇バイト組織を摘発するのはもちろんですが、繰り返しになりますが、応募する側の若者への啓蒙は続けていくべきです。

私の防犯講座では、インスタグラムやXなどで募集をしていても、途中からやりとりを「テレグラム（Telegram、SNSの一つ）に誘導するような仕事は、まともな会社ではない」とお伝えしています。

テレグラム自体が悪いわけではないのですが、ルフィを名乗る特殊詐欺集団がテレグラムを使用したことで、詐欺集団が悪用するアプリとして有名になりました。

テレグラムは、政府に干渉されることなく言論の自由を守ることを目的として、ロシア人プログラマーによって開発されました。その高い秘匿性から、政府の検閲などのリスクにさらされている国など、全世界で4億人がテレグラムを使用しているといわれます。ただし、メッセージのやり取りを運営側も見ることができず、データを完全削除できる高い秘匿性があるため、犯罪者やテロリストなどのツールにもなってしまっています。テレグラムでの通信では、警察も証拠をつかむのが難しく、犯罪の全体像をわかりにくくしてしまうのです。

日本では、通信アプリやメールが犯罪に使われると、通信会社やインターネットのプラットホームを運営する会社などに捜査令状や捜査関係事項照会を出し、開示された通信記録から犯罪の経緯をたどっていくことができます。しかし、海外のアプリを利用されると、海外に問い合わせをして捜査しなければならず、どうしても時間がかかってしまうことになるのです。

そのような点からも、バイト募集からすぐにテレグラムに誘導する会社はかなり怪しく、注意が必要です。

ポイント

高額バイトには大きなリスクが伴う。安易に応募や問い合わせをしない。

有名人をオトリ広告に使う投資詐欺

ＡＩが劇的進化を遂げたことで得られるメリットは多くありますが、デメリットもあります。それはＡＩ技術の悪用です。例えば、ＡＩ技術を活用し、写真や動画の中の人物の顔や声などを一部入れ替える「ディープフェイクによる偽の情報の拡散」「偽の電子メールから偽のホームページに接続させることで、クレジットカードの番号やユーザＩＤ、パスワードなどの重要な情報を盗み出す高度なフィッシング詐欺」「ＡＩによる偽のニュースの拡散」「ＡＩの技術によって防犯カメラに映った犯人の顔の画像データを別人にすり替えることで起こる冤罪」「ＡＩを活用してシステムの脆弱性をついたサイバー攻撃」などが考えられます。

最近も、著名人の顔写真を無許可で勝手に使った投資詐欺サイトが多数出回りました。そこでは、写真だけでなく、ＡＩを使って著名人の声色を作成し、著名人がさもその投資サイトを勧めているかのようにした悪質なものでした。写真だけなら勝手に使ったのかなと疑う人でも、生成した著名人の声で案内されていたので本物だと思って騙された、という人もいたようです。

今後も、ＡＩを使ったフェイクニュースや、詐欺は増えると予想されます。ネット、特にＳＮＳに出ているからといって、それが本人のものであるとは限りません。現状では、情報を受け取る側の私たちのほうが、注意するしかないでしょう。

とくに著名人の名前をあげて勧誘する投資セミナーや広告に関しては、次のことに気をつけてください。

1．安易にお問い合わせメールに個人情報を書き込まないこと

詐欺組織の場合、偽情報を発信しているサイトに問い合わせてしまうと個人情報をさらに相手に提供してしまうことになります。

2．「詳細は説明会にご参加ください」と書かれていても、安易に参加しない

「メタの広告、半数以上が著名人なりすましか
──１位は森永卓郎氏、２位に掘江貴文氏」

順位	名前	肩書き
1	森永卓郎	経済アナリスト
2	掘江貴文	実業家
3	西村博之	「2チャンネル」開設者
4	村上世彰	投資家
5	池上彰	ジャーナリスト
6	小手川隆	投資家
7	前沢友作	実業家
8	岸博幸	大学教授・元官僚
9	三崎優太	実業家
10	中田敦彦	芸人

（産経新聞、2024年4月14日付より）

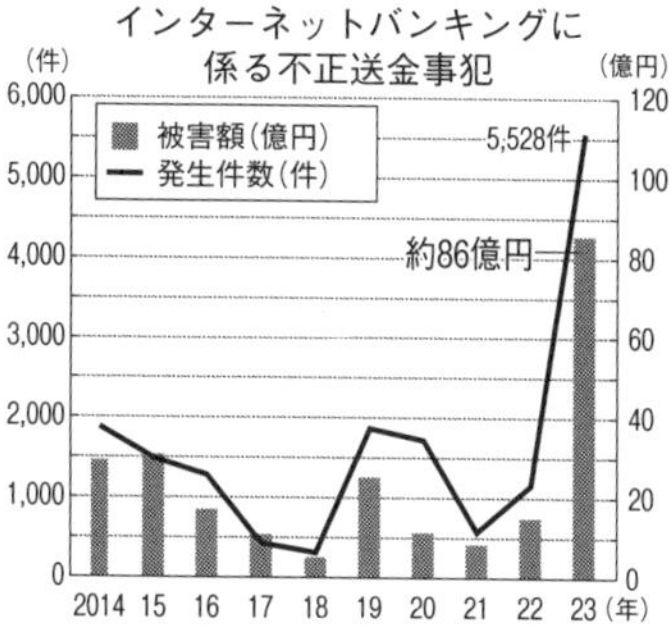

『警察白書（令和５年版）』より

- 40代～60代の被害者が60％。
- 電子メールなどで、金融機関を装ったフィッシングサイト（偽のログインサイト）に誘導する。
- 偽造した本人確認書類で携帯番号を乗っ取る手口による、不正送金被害などがみられた。

詐欺集団は、なるべく直接コンタクトをとりたがります。そのほうが効率よく、信じ込ませることができるからです。たとえオンラインであっても、説明会の個別相談で囲い込まれて追いこまれ、投資詐欺に引っかかったケースは後を絶ちません。

3．著名人が広告塔になっている場合は、必ずその著名人の所属事務所に確認すること

タレントでもスポーツ選手でも、ほとんどがビジネスのマネジメントをしている会社があります。まずはそこに「〇〇さんの投資の広告を見かけましたが、内容は本当ですか？」と確認しましょう。詐欺であれば、マネジメント会社は知らない情報なので、すぐに嘘だとわかります。勧誘のメールやＳＮＳに書かれている問い合わせ先ではなく、ひと手間かけて自分でその人の公式ホームページを探して確認してください。

私たちは日常生活でいろいろなところに個人情報を提供しています。例えば銀行口座を開設したり、クレジットカードをつくったり、通信販売で買い物をするときも自分の個人情報を出しています。各企業は個人情報保護法の観点から、それらの情報が流出したりしないようにしています。しかし、情報を管理している会社の中に悪い社員がいたり、あるいはうっかり社内のデータを紛失してしまうなどで、顧客データが流出してしまうことはたびたび報道されている通りです。

いくら自分が個人情報を不要に出さないように気をつけていても、これだけ通販などの利用が多いのですから、個人情報が流出するのは避けられない状況になっていると考えて、それを使った新たな詐欺など2次被害に遭わないように注意することが大切でしょう。

前でも触れた「振り込め詐欺」の話ですが、つい最近も、「あなたの固定電話が2か月後に使えなくなります」と〝自動音声ガイダンス〟が流れる不審な電話がかかってくることがありました。

「今すぐ対処したい場合は、1を押してください」などというガイダンスが流れて、そのまま数字を押してしまうとオペレーターへつながり、個人情報を聞きだされたりしたようです。

もし仮に、電話に答えているうちにオペレーターにつながったとしても、一旦、電話を切ってください。あわてて、その場でクレジットカードの番号などを教えてはいけません。そして、家族や最寄りの消費者センターに相談するようにします。もし身近に相談する相手がいなければ、自宅の管轄の警察署（代表番号）にかけて相談してください。

管轄警察署の番号は携帯電話に登録したり、固定電話の前に貼っておくようにしましょう。

詐欺の電話などに出てしまうと、相手は騙しのプロですから、言葉巧みに誘導してきます。そして不安をあおってくるので動揺してしまい、冷静な判断ができなくなる可能性があります。そんなときは会話をせず、いったん電話を切ってしまうことです。相手から折り返し電話がかかるかもしれませんが、電話に出なくて構いません。不安なら、警察や誰かに相談するようにしてください。

このようなことを私が防犯セミナーなどで話すと、なかには、「私は人一倍用心深いので大丈夫です」とか、「投資のことには詳しいので騙されません」と言う人がいます。でも、実際に銀行員として長年働いてきたおばあちゃんが振り込め詐欺にあってしまったことがあります。そのときも、銀行の窓口担当者が「詐欺かもしれません」と止めたにもかかわらず、「自分は絶対にだまされない」と振り込んでしまい、あとから詐欺だとわかって本人もとてもがっかりしたそうです。「私は大丈夫」という自信は、かえって危険なのです。

ポイント

「自分は絶対に騙されないので大丈夫」と思っている人ほど危険。すぐにお金を振り込むようなことはせずに、まずは一呼吸おいて。

被災地を狙う悪質な詐欺にもご用心

地震、大雨などの災害時には、それに便乗した悪質商法が多数発生しています。人の弱みにつけこむ悪質商法は災害発生地域だけが狙われるとは限りません。義援金詐欺の事例も報告されています。災害に便乗した悪質な商法もありますので、十分注意してください。

２０２４年1月1日に起きた「能登半島地震」に関しても、残念ながら震災詐欺が多発しています。

具体的には、震災で屋根瓦が落ち、一時補修のためのブルーシートを「自治体の公認」を名乗る業者が1枚10万円で売りつけていたのです。

値段に関しては1枚10万円と言っても、買う側が納得していれば詐欺罪にはあたらないのですが、「自治体公認」と嘘を言ったり、値段を言わずに工事が終わったあとに法外な値段をふっかけてきたら詐欺にあたります。「手元に現金がないから今は買えない」と断りましょう。

それ以外にも、被災地以外の地域で

・「市が能登半島地震の義援金を集めている」という連絡が直接携帯電話にあった。

・「能登半島地震の地域に送る物を集めている。今日そちらの地域を回っているので訪問していいか」と電話がかかってきた。

・「自衛隊の者です。（災害が多いので点検をしたほうがいいと）地域の調査に来た」と、個人情報を聞いてきた。

国民生活センター（テーマ別特集→自然災害時の悪質商法）
https://www.kokusen.go.jp/soudan_now/data/disaster.html

・屋根の無料点検をしますと言ってきて、点検後、「このまま放置すると雨漏りする」と言われ、高額な契約をさせられた。

・「損害保険で雨どいの修理ができる」と業者の訪問を受けた。せっかくなのでドローンを使って屋根を撮影して点検してはどうかと言われ、お願いして前金を払ったが、その後、撮影もせず、業者と連絡が取れない。

これらは災害後に実際にあった不審情報や相談です。

このようなケースの対応法は、以下のようになります。

まず、市役所や自衛隊、警察が義援金を集めに回ったり、特定の商品を売りつけたりすることはありません。そのような訪問があった場合は、まずは誰かに相談してみてください。その場ですぐにお金を払ったり、クレジットカードなどで決済するようなことは止めてください。

また自衛官が一人で家々を回って個人情報を聞くこともありません。偽の自衛官や警察官を名乗ること自体「軽犯罪法違反」です。仮に身分証を提示したとしても、それが偽造されたものなら身分偽証にもなります。不審に思ったら警察に連絡してください。

このような詐欺事件だけでなく、過去には熊本地震や東日本大震災の後に窃盗事件が増えました。避難所内や人がいなくなった家、放置された車の中から物が盗まれるケースが多くありました。要するに、被災後には被災地域の外から窃盗団が来ていることがわかっています。

また置き引きも被災後には増える傾向にあります。避難所や移動先でちょっと目を離した隙に、カバンから貴重品を盗られるケースが何度も起こっています。

また、被災直後だけではなく、1、2年後の復興期にも注意が必要です。この時期は、「震災がまた起きたときのために、災害保険に入っておけば、自己負担なく住宅の修理ができる」などと保険の申し込みをさせる事案で、全国の消費者センターなどに相談が寄せられています。これは、正式な保険販売員ではない人間が嘘を言って、高額な金を騙しとるものです。

被災地で起こる詐欺や窃盗は、避難先で精神的・身体的に弱った人たちを襲う、卑劣な犯罪です。被災した方はショックを受け、判断力なども鈍っているので、なおさらその場で判断しないで、まずは周囲の人に相談するよう心がけてください。

ポイント

災害後には、詐欺・窃盗・置き引きが増加する。このことを念頭におき、知らない人からのアプローチにはその場で決めず（お金も払わず）、第三者に相談して冷静に対処を。

自宅周辺の不審者に気づいたら、どうする

以前、私の自宅マンション近くでこんなことがありました。敷地内にしばらく見慣れない車が停まっていたのですが、明らかに様子がおかしいのです。

酒を飲んでいるのか、何人かの人が車の外に出て踊り狂っていたのです。すぐさま管轄の警察署に「すぐに来て、見てもらえませんか」と連絡をしました。さらに「すぐ来てくれなければ、110番します」と言ったら、すぐにパトカーが来て、不審者たちに職務質問してくれました。

「110番通報」は緊急通報で、「泥棒に入られた」「交通事故を起こした」「そばに不審者がいる、つきまとわれている」など、すぐに警察に来てほしいときにかけます。110番すると、各都道府県の通信指令センターにつながり、そこから指令を出して、最寄りの警察官が現場に急行します。

ただ、すぐに身の危険を感じるような場合でないとき、例えば、自宅近くでなにかわからないが不審な行動をしているという人がいたら、まずは管轄の警察署に連絡をしてください。こちらは、「局番つきの110番」となります。通報することで、不審者たちは「この地域は何かあるとすぐに警察が来る」と思うからです。

また警察のほうも、不審者に職務質問をすることで、運転免許証で本人確認をしたり車のナンバーから盗難車かどうか照会にもかけられます。もし不審者たちが窃盗などの下見に来ていたとしたら、車のナンバーなどの情報が警察署に残るので、なにか悪いことをすれば犯人逮捕のきっかけになり得ます。

そのような不審者情報は詳しければ詳しいほど有効なので、自分に危険が及ばない範囲で、「車に乗っている人物像」や「車のナンバー」などを、メモや写真に撮っておくのもいいでしょう。ただし、くれぐれも不審者の目の前でメモをとったり、写真を撮るのは危険なのでやめてください。

また、不審者を見かけて不安なとき、管轄の警察署に連絡するには、伝え方にコツがあります。

「家の近所に不審者を見かけてとても不安なので、パトロールしてほしい。時間帯は午後の時間が多いです」と言っておくと、その時間帯にパトロールをしてくれるようになることが多いです。

過去に桶川ストーカー事件※や、博多のストーカー殺人事件※など、ストーカー被害を警察に訴えていたのに、警察が適切に対応しないで、凶悪な事件に発展しているケースが実際に起こっています。

※桶川ストーカー事件……1999年10月、埼玉県桶川市で元交際相手の男性らからストーカー行為を受けていた大学2年の女性が、男性の仲間に殺された事件。警察の対応が問題視されるとともに、ストーカー犯罪の法整備が進むきっかけとなった。

※博多ストーカー殺人事件……2023年1月、JR博多駅近くで、元交際相手の女性を待ち伏せし、殺害した事件。

警察ではそういった不審者情報、ストーカー被害に非常に敏感になっています。通報があったときに何も対応しなかったことで、後で大きな事件につながることがあるので、通報の際には少し話を大げさに言ってもいいのです。

「2人組が車に乗って、周りをキョロキョロ見てすごく怖いんですよ。だから、夜の8時頃にパトロールしてほしい」

このくらい具体的に情報を伝えると、警察は動いてくれます。私は元公安の立場から、何かが起きる前に未然に防ぐことの大切さを、身をもって実感しています。

ポイント

何か起こってからでは遅い！　不審者情報はすぐさま警察に通報してパトロールしてもらいましょう。

セキュリティ

2

実際の事件・犯罪から、身を守る術を学ぶ

御徒町のジュエリー街で7件も強盗事件が続いたわけ

2023年、東京都台東区にある御徒町のジュエリー街において、7件の強盗事件（未遂も含む）が起こりました。

なぜジュエリー街が狙われるのか？　それは高額のジュエリーや腕時計は、お金に換金する手間はあるものの、換金できれば手っ取り早く大金が得られるというのが大きな理由です。

空き巣が、一般家庭に入って盗む場合、事前に「たんす預金がある」「高額な腕時計を集めるのが趣味」などの情報がない限り、リスクのほうが大きく、盗める金額が少ない場合がほとんどです。それよりもジュエリー店で一度に多くの宝石や腕時計をゴソッと盗めば、少なくとも数百万円から数千万円になる可能性が高いので、犯人たちにとっては効率が良いと考えるのだと思います。

もちろん、高価な貴金属を扱う宝石店は、警報装置や強化ガラスなどを入れ、一般家庭や普通の店舗以上の防犯対策をとっています。それでもお構いなしで、最近の強盗グループは宝石店を狙っているのです。

前述したように、最近の強盗グループは犯罪計画を立てる親玉と、実行犯とにはっきり分かれるケースが増えました。実行犯のほうは高額報酬につられて闇バイトで集められ、「役割分担に従って動け」としか言われていません。盗難品をどうやって現金化するかとか、捕まらないようにどこに隠れるかなどは考えることなく、宝石店でただ盗めばいいとしか考えていないので、やっていることは極めて雑です。

現場の実行犯たちはそこが浅はかなところです。

御徒町のエリアで強盗が多発したのも、金目のものが確実にあるというだけで、それ以上の算段はありません。強盗グループのトップはあくまでも自分たちが安全な場所を確保しながら指令を出し、現場で強盗をする実行犯は、なにかあればトカゲの尻尾切りのように見捨てられます。ですから、一度うまくいったら、また同じところを狙う。失敗するまで繰り返すわけです。

実行犯の中には、「また同じ場所だよ」と思っている者もいるかもしれません。でも、そう思いつつも、犯罪グループのトップから、「警察が来るまでの5分以内ですませてしまえば、足がつかないから大丈夫。あとは俺たちに任せろ」などと言われて、深く考えずに強盗に及んでいるのです。実行犯も、犯罪グループから抜けられないように縛られていることもあると思います。

このように犯罪グループは、一般の人が考えるような常識では捉えられません。例えば、一度、強盗の被害にあったらもう狙われないだろうとか、近くの店が被害にあったらそのエリアは防犯意識が高くなるので、しばらく大丈夫だろうなどと思いがちです。しかし、御徒町のジュエリー街を狙った強盗事件は立て続けにおき、なかには同じ店が再度狙われたケースもあります。

ですから勝手な思い込みは捨てて、防犯対策を真剣に考えなければいけません。

警察は御徒町の地域を対象に防犯訓練を行いました。各店舗の従業員が参加し、犯人役に対して実際に暴れる相手の動きを封じ込める「さすまた」を使って防犯訓練をしたのです。

その模様は各メディアに大々的に取り上げられニュースで流されました。これも警察サイドは意図してやっています。実際に犯人を撃退したニュースも含め、窃盗団たちに「この地域は警察を含めて町ぐるみで防犯体制がしっかりしている」とアピールしているのです。

銀座の宝飾店でも強盗があり、そのときの映像がテレビでも流され、実行犯はすぐに逮捕されました。夕方の銀座という人通りが多い場所でも、犯行は行われます。ただ、これらの犯行時間はわずか2、3分なので、簡単に商品を奪えないようにしているだけでも、被害は最小限に抑えることができます。

宝飾店などが昼間強盗に狙われると、店側だけでなく、来店するお客にも危険が及ぶおそれがあります。このため、火災や地震の避難訓練のように防犯訓練も定期的に行うようにしましょう。

夜間の不在時には、不審者が店に侵入した際に点灯する防犯ライトを設置し、セコムなどの警備会社と契約して侵入通報装置を強化することをおすすめします。さらに、店内の商品で高額な宝石や腕時計などの宝飾品は、ショーケースに入れたままにしないで、金庫で保管するようにしましょう。強盗犯は、盗むまでに時間や手間がかかるのを嫌うので、狙った宝石が金庫の中ならば、盗むことを諦める可能性が高くなります。このように、ひと手間かけることで、防犯力はぐんと強化されるのです。

大きな犯罪がニュースなどで知られると、それを見た類似犯も出てきやすいので、事件を他人事とは思わず、防犯態勢を改めて見直すようにしてください。

ポイント

ジュエリー街が狙われるのは、手っ取り早く高額の商品を盗めるから。常識外の犯罪グループには、街ぐるみで防犯訓練をして対策しよう。

もし、電車内で通り魔事件に遭遇したら

２０２１年に、東京の小田急線と京王線の電車内で相次いで無差別刺傷事件が起きました。それぞれの事件の経緯を簡単に説明します。

●小田急線・無差別刺傷事件

２０２１年８月６日、20時30分頃、東京都世田谷区内を走行中の小田急電鉄小田原線の車内で、36歳（当時）の男が牛刀を振り回す無差別刺傷事件が発生しました。乗客の女子大生が重傷を負うなど、合わせて10名が負傷しました。容疑者の男は捜査本部の調べに対

し、「6年ほど前から幸せそうな女性を見ると危害を加えたいと思うようになった」という内容の供述を繰り返しました。

●京王線・無差別刺傷放火事件

2021年10月31日、20時頃、東京都調布市を走行中の京王線列車の車内で、男（当時24歳）が乗客の70代の男性に殺虫剤をふきかけた後、刃物で切りつけた上、ペットボトルに入れたライター用オイルを撒いて電車内に火をつけ、18人が重軽傷を負いました。

犯人の男は殺人未遂で警視庁に現行犯逮捕され、犯行の原因は「過去に付き合っていた女性が結婚して自暴自棄になり、事件を起こして死刑になりたかった」という非常に身勝手な動機を話しています。また、男は、その前に起こった小田急線刺傷事件を参考にしたと供述しています。

このように無差別刺傷事件というのは、犯人側の身勝手な思い込みで引き起こされることが多く、なかには精神的に病んでいたり、他の事件を模倣して犯行を起こすケースもあります。

事件に感化されたり、影響を受けるというのは人それぞれで、いつ、どこで、そういう人間が現れるかは、残念ながら事前に予測することはできません。

私たちができることは、第六感を磨くことです。

「おや、あの人、何かおかしいな」と感じる不審者を見かけたら、黙って席を立って車両を変えたり、店の外に出るなどして距離を置くようにするのです。

また不審者が刃物などの凶器を持っているのが見えたときは、相手との距離が離れているなら、悲鳴を上げたり大声を上げてはいけません。「キャー」と大声を出すと、不審者がこちらに注意を向けることになり、かえって襲われる可能性があるからです。このような場合は、静かに距離をとることが大切になります。

逆に相手と距離が近くて自分に向かってきた場合は、カバンや雑誌、傘など近くにあるものを使って、まず第一撃を防ぐようにしてください。これが刃物を使った通り魔対策になります。


私が主催する防犯セミナーでも、暴漢や通り魔対策についてお伝えしていますが、女性の中には「そんなこと（第一撃を防ぐこと）なんて、とっさにできる自信がありません」と言う方が少なくありません。しかし、実際に体をそのように動かせるかどうかは別にして、そのような場面になったらどうすればいいか、1回でも頭の中でシミュレーションしておくと全然違ってきます。例えば、「暴漢がきたら、バッグを盾にしながら走って逃げよう」とイメージしておくだけでも、一度も意識したことのない人とは雲泥の差が出ます。
もちろん、実際に防犯訓練をすることが一番いいのですが、この機会に頭の中でもいいのでシミュレーションしてみることをおすすめします。

ポイント

もし不審者を見かけたら、声を上げずに静かに遠ざかる。相手が襲ってきたら、バッグや身近なものを盾にして、最初の一撃をかわすこと。脳内シミュレーションしておこう。

事件の動機解明は難しい

毎日、ニュースで流れる事件の数々。凶悪事件ほど、その犯人がなぜそのような事件を起こしたのか、動機の解明に世間は注目します。

確かに犯人の動機を知ることは、事件の全容を解明する糸口になることは確かです。犯罪を未然に防いだり、防犯対策をする上でも参考になります。ただ、公安捜査官だけでなく警察官として働いた経験もある私が思うのは、動機別の事件の統計をとるのは難しい。なぜかというと動機というのは、犯人の供述によって途中で変わる場合があるからです。「なぜ、このような犯罪を犯したのか？」と取り調べても、最初の供述と変わるのはよくある話です。

２０２３年4月15日の「岸田首相襲撃事件」は、和歌山市の雑賀崎漁港に選挙の応援演説に駆け付けた岸田首相に対し、当時24歳の男が鉄パイプ爆弾を投げつけた事件です。この容疑者はいまだに黙秘を続け、動機に関してはわからないままになっています。

また、２０２２年に安倍元首相を銃撃した男は、自分の母親が信心した宗教団体に安倍元首相が関わっていたという逆恨みが原因だと言われていますが、すべて本当のことを言っているのかはわかりません。

容疑者は嘘を言う場合もあるし、すべて言わないこともあるので、事件の全容を解明するのは非常に難しいのです。

ただし、事件に関して動機を解明することは、次の観点から欠かせません。

1．犯罪の再発を防ぐため：罪を犯す人物の動機を把握することで、その犯罪の背後にある問題や原因を特定し、再発を防ぐための対策を講じることができます。

2．正確な裁判手続きを行うため：犯罪の動機が明らかになることで、事件の重要な証拠となります。裁判手続きにおいて、動機を理解することで適切な判決が下されることになります。

3．社会全体の安心、安全をはかる：犯罪の動機を解明することで、同様の動機を持つ他の人物が事件を起こす可能性を予測し、適切な対策を講じることができます。これにより、社会全体の安全と安心を確保することができます。

以上のように事件の動機を解明することは、犯罪の予防や裁判手続き、社会全体の安全と安心を守るために必要不可欠になります。

警察としては犯人の供述が二転三転したとしても、粘り強く動機の解明にも尽力せねばなりません。

私たち一般市民としても、事件がどのような場所で起き、犯人の動機や事件の背景を知ることで、不特定多数の人が集まる場所や、影響力のある人物が近くにいるケースでは万が一のことが起こる可能性が高まると認識できます。

事件を他人事にしないことが、防犯上、とても大切なのです。

ポイント
犯人はすべて本当のことを供述しているとは限らず、動機の解明は簡単ではない。しかし、できるだけ防犯に生かそう。

ストーカーに狙われてしまったら？

ストーカー行為とは、特定の人物に対して自宅や勤務先で執拗に待ち伏せをしたり、押し掛けたり、その周辺をみだりにうろついたり、またＳＮＳで誹謗中傷する内容を書き込んだり、相手が拒否しているのに電話やメールなどを毎日何十通も送信する行為などが該当します。

ストーカー行為が規制されるようになったのは比較的最近のことで、２０００年に「ストーカー規制法」が制定されたのも、その前年の「埼玉・桶川ストーカー殺人事件」がきっかけとなっています。その後も、事件が起こるたびに厳罰化が進んでいます。

桶川ストーカー殺人事件は、元交際相手の男性とその仲間からストーカー行為を受けていた女子大生が、ストーカー男性の仲間に殺害されることになった事件です。

女子大生とその家族は、ストーカー被害を受けていることを警察に何度も相談していましたが、適切な対応がなされないまま、最悪の結果となってしまいました。この事件から「ストーカー」という存在が世間に知られるようになり、警察の対応と法の不備を改善する目的で、「ストーカー規制法」が制定されたのです。

しかしながら「ストーカー規制法」が成立して20年以上が経過しても、ストーカー事件は後を絶ちません。最近では２０２３年1月、ＪＲ博多駅前で30代の会社員女性が元交際相手の男性にストーカーをされた挙句、殺害された事件がありました。

この事件でも、被害女性は元交際相手の嫌がらせについて警察に何度も相談していました。「ストーカー規制法」に基づく禁止命令を出してもらうよう要請していたにもかかわらず、最悪の結果となってしまったのです。

「ストーカー規制法」とは、つきまとい、または相手の承諾なくＧＰＳ機器などを使って位置情報の取得を繰り返すストーカー行為者に警告を与えたり、禁止命令を出し、悪質な場合は逮捕することで被害を受けている方を守る法律です。

ただし、加害者に禁止命令が出ていても、加害者を監視したり聴取するなどの強制はできない法律となっているため、被害者を守り切れないという課題を浮き彫りにしました。

では、もしストーカー被害に遭ってしまったら、どのように対処すればいいのでしょうか？

もし、あなたが特定の個人から嫌がらせを受けている、または自宅や会社までストーキングされている場合、まずは警察に連絡を入れてください。その際、できるだけ具体的に状況を説明してください。ストーカーがつきまとう時間帯や場所がある程度わかっている場合は、家から学校や勤務先まで、警察官がパトロールもかねて同行してくれる場合もあります。

そして自分自身を守るという意味から、いったんビジネスホテルに泊まるとか、警察が運営しているシェルターに入ることも考えてみましょう。

ストーカーにとっては、相手が決まったパターンで行動してくれたほうが、つきまとうのに好都合なのです。そこで相手の行動の裏をかいて、あえて登校や出勤する時間を30分ずらしたりすることが得策となります。

さらに、家から駅までのルートを、多少遠回りになってもAルート、Bルート、

ストーカー被害を防ぐためのポータルサイト（警察庁）
https://www.npa.go.jp/cafe-mizen/

ストーカー犯罪は減っていない

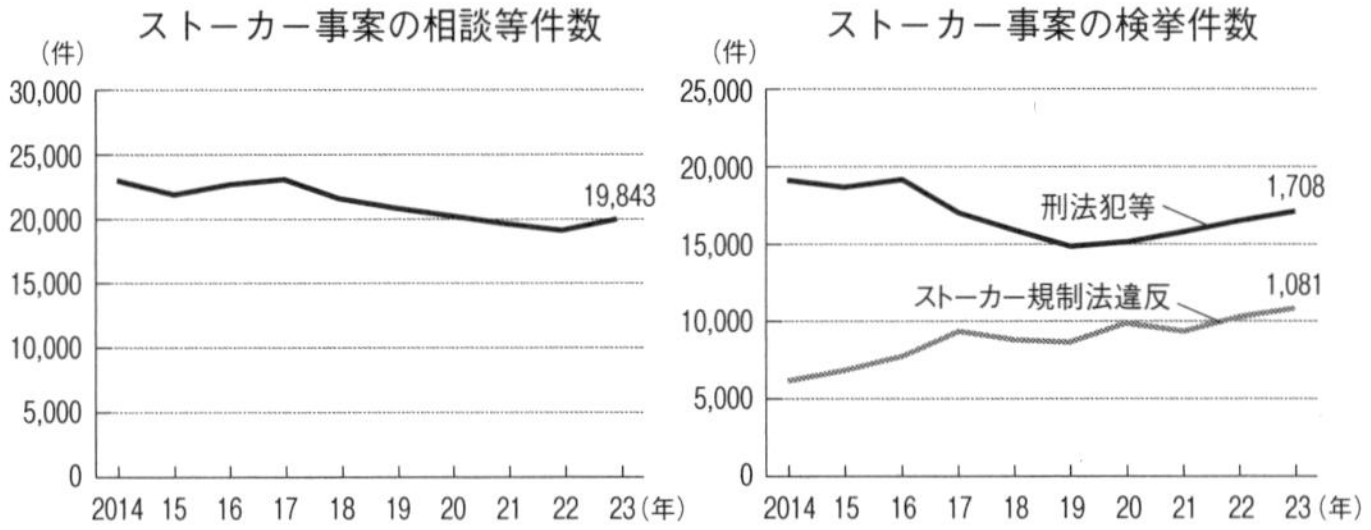

『警察白書（令和５年版）』より

Cルートぐらい作って、ある日は家を8時に出たらAルートを通る、また別の日は家を8時25分に出てBルートを通るなど、不規則に行動すると良いです。

ほかにも警視庁のホームページでは、次のようなストーカーに対する防犯対策のアドバイスをしています。

例えば、「つきまとい・待ち伏せ・うろつき」に対する防犯の心構えは、

- **携帯電話は、いつでも110番できるようにしておく。**
- **外出時は、防犯ブザーを携帯する。**
- **万一の場合は、警察や近隣の人、コンビニエンスストアなどへ助けを求める。**
- **夜間の一人歩きはできるだけ避け、明るく人通りの多い道を歩く。**
- **帰宅時など不安なときは、家族に迎えに来てもらうか、タクシーを利用する。**
- **ドアや窓には二重鍵とドアスコープを付け、ドアを開ける**

ときは周囲に注意を払う。

など、参考にしてみてください。

また、身の安全を確保した上でのことですが、次のような対処法を検討してみましょう。

1．適切な証拠を収集する。ストーカーからのメッセージや電話の記録、写真やビデオなどを保存することで、証拠を集め、警察や弁護士の活動を助けることができます。

2．被害が深刻な場合は、ストーカー対策に詳しい弁護士に相談することも考えましょう。法的な支援を受けることで、ストーカーの対処方法や被害賠償などについてアドバイスを受けることができます。

3．自己防衛の訓練を受ける。ストーカーからの危険を軽減するため、自己防衛の訓練を受けることも考えましょう。身の危険を察知し、適切に対処することが重要です。

3に関しては、防犯コンサルタントという立場から、私も過去に数々のストーカー対策のアドバイスを行ってきました。

ストーカー被害に遭った場合は、一人で悩まず、早めに適切な対応をすることが大切です。専門家や関係機関の支援を受けることで、安全を守るための対策を適切に行うことができます。

ポイント
ストーカー被害に遭ったら、まずは警察に相談して。家から勤務先までのルート変更、ホテルなどへの緊急避難、防犯対策のアドバイスをしっかり受けましょう。

受験生を狙う痴漢集団や盗撮犯がいる

警察庁によると2022年の痴漢の検挙数は2233件、2021年の1931件から増加し、新型コロナ禍以前の水準に戻りつつあると発表しました。

同調査によると、痴漢被害が発生した場所は49・8％が駅構内を含む電車内で、**時間帯は午前8時前後**が多いということです。

また、都内における痴漢等の調査では、被害者の年代は10～20代が65％を占め、痴漢にあいやすい**電車内の場所は、「改札・階段等に近い車両」で、車両内では「ドア付近」**と

痴漢、盗撮はどこで起っているか

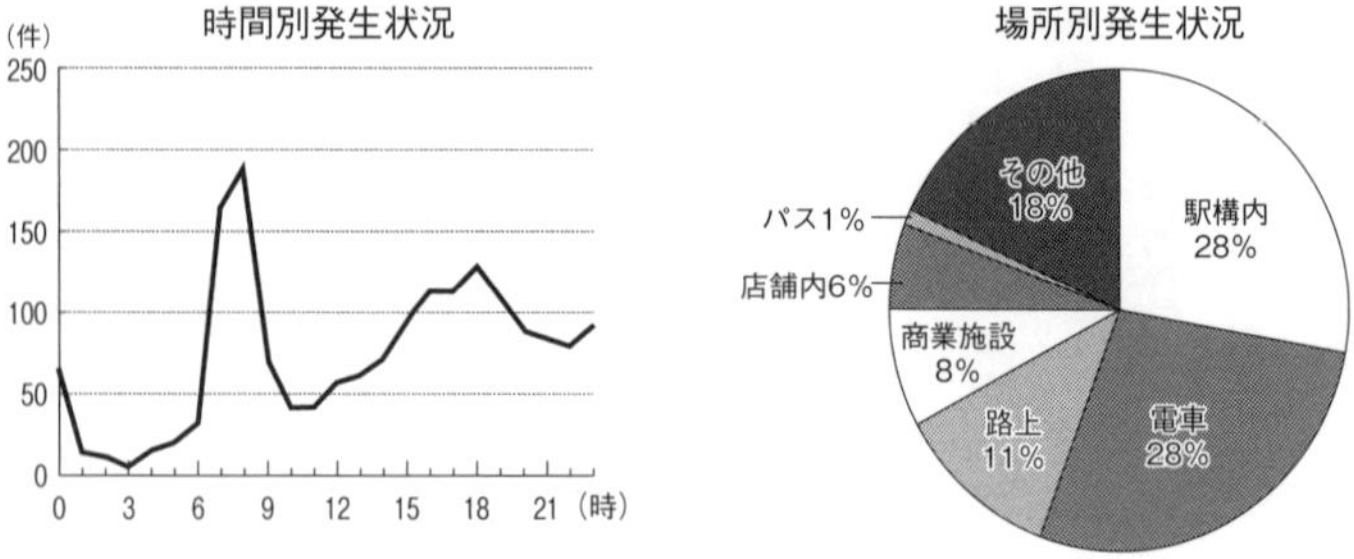

東京都の「迷惑防止条例違反」状況より

いうデータもあります。

これは痴漢が、駅についたらすぐに逃げられるような場所を選んで電車内で痴漢行為に及んでいる、ということです。被害を避けるためにも、参考にしてください。

また２０２３年以降、受験に向かう女子中・高生を狙った痴漢行為をあおる投稿がネット上で増えました。要するに受験生は試験開始の時間があるので、受験に行きそうな女の子に痴漢をしても訴えられない、と考えた卑劣な手口です。とくに大学入学共通テストがある数日前から、「受験シーズンは痴漢日和」などという、卑劣なネット投稿が相次ぎました。

若い女性は、痴漢被害を受けても、なかなか周囲の乗客に訴えることができないかもしれません。もし痴漢被害にあってしまったら、次の駅で１回電車を降りて車両を変えてみてください。

また、日常的に痴漢に遭うようでしたら、痴漢にあなたの存在や電車の時間帯を覚えられている可能性が高いです。ストーカー対策と同様に、電車に乗るのは、いつも同じ時間の同じ車両というのを避けて、乗る時間帯や乗る車両を変える。もし可能ならば、乗る路線を変えるということもやってみてください。乗る電車に女性専用車両があれば、積極的に利用するようにしましょう。

もちろん警察や最寄り駅の駅員にも相談してください。

また、痴漢行為は電車内ばかりで行われるわけではありません。道路や街中のビルや公園の陰にも潜んでいて、突然、抱きついてくることがあります。

警視庁では「メールけいしちょう」や防犯アプリ「Digi Police（デジポリス）」というアプリから定期的に犯罪発生情報を提供しています。それらの情報を入手し、事件の発生が多いところは避けて通るようにしましょう。

「Digi Police」には防犯ブザー機能があるので、いざというときに使え

メールけいしちょう（警視庁 HP）
https://www.keishicho.metro.tokyo.lg.jp/about_mpd/joho/mail_info.html

防犯アプリ Digi Police（警視庁 HP）
https://www.keishicho.metro.tokyo.lg.jp/kurashi/tokushu/furikome/digipolice.html

るように操作方法を覚えておいてください。

●スマホのながら歩きは禁物

防犯の心がけとしては、夜道を歩くときは、人通りの多い道や明るい道を歩くようにし、「SNSを見ながら」「音楽を聴きながら」などの、スマホでの「ながら」歩きは周囲の状況がわかりにくくなるのでやめてください。

また、あまり知られていませんが、住宅地など家の近所でも痴漢被害に遭うことがあります。それは自宅の近くに来ると、夜道などでもつい気が緩んでしまうからです。近所だからといって安全とは限りません。誰かに後をつけられているかもと不安に思ったときは、近くのコンビニエンスストアに逃げ込んで助けを求めるか、家に電話して迎えにきてもらう。それもできないときは躊躇せずに110番通報をしましょう。もし、警官が来る前に不審者が逃げてしまっても、問題はありません。そのときの状況を伝えておけば、パトロールなどを強化してくれることにつながります。

痴漢被害は、被害に遭った人にとってはトラウマになって、いつまでも心の傷が残る可能性があります。しっかり自分の身を守ってください。

エレベーター内での痴漢も多いです。エレベーターに乗るとき、後ろから見知らぬ男性がエレベーターに一緒に乗ろうとしたら、携帯をかける振りなどして、自分は乗らないようにやり過ごすのもいいです。自分がエレベーターに乗っているときに、あとから怪しげな人が乗ってきた場合は、非常ベルなどのボタンが押せる場所に立ちましょう。

自宅に帰ってきても安心しきってはいけません。オートロックのマンションであっても、室内にいるときはドアはきちんと施錠しましょう。

とくに一人暮らしの女性の場合は、マンションの2階以上の部屋であっても、窓を開けっぱなしにするのは不用心、必ず施錠しましょう。

盗撮被害も増加

また、盗撮被害も増えています。盗撮被害にいたっては、2018年からずっと増加していて、2022年には5737件と増えています。これはコロナ自粛が明けて、外で活動する機会が増えてきたことも関係しています。

盗撮マニアだけでなく、普通の大学生やサラリーマンが出来心で盗撮してしまい、それ

性犯罪などの年代別被害状況

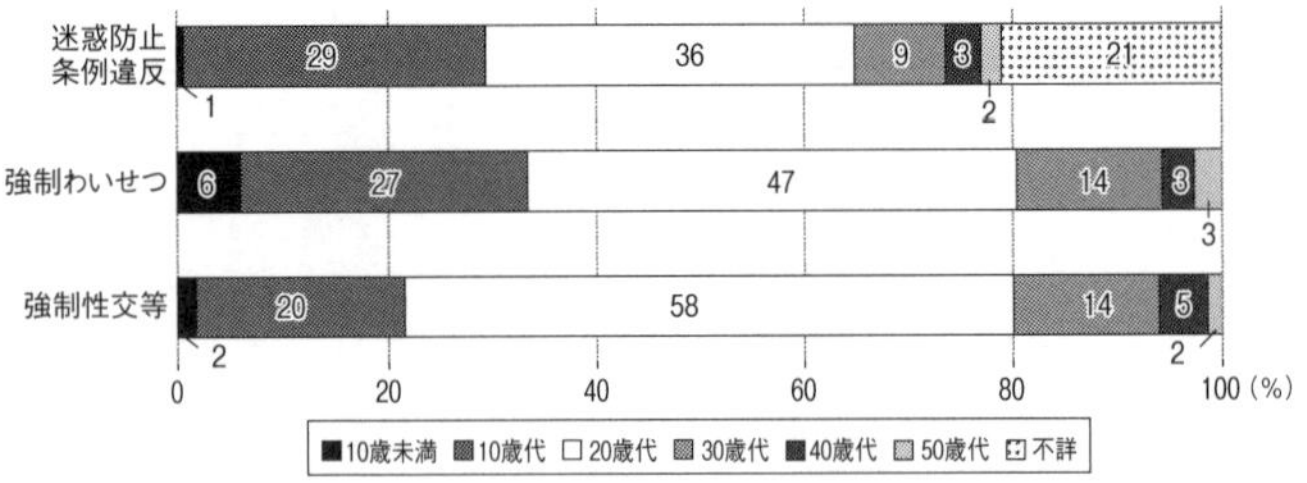

「迷惑防止条例違反」状況より

がきっかけで、「盗撮するスリルに興奮した」などと、常習犯になることがあります。

盗撮に使用されるツールとしては、スマートフォンのカメラが約8割、次いで小型カメラです。

最近では、盗撮被害が多い駅のエスカレーターの壁に「この付近、盗撮被害多し」などの盗撮防止ポスターが貼られることも多くなりました。被害に遭わないために、エスカレーターや階段を利用するときは、不自然に背後に近づいてスマートフォンを操作している人がいないか気をつけましょう。

また不特定多数の人を狙った盗撮もあります。次のようなことはないか注意しましょう。

・**職場や自宅に、身に覚えのないモノが置いてないか**確認しましょう。例えば、コンセントタップや家電の裏側などに盗撮用のカメラや盗聴器が設置されていることがあります。

・小型カメラなどが設置されやすい場所である、**商業施設内**

のトイレや、スポーツジムの更衣室などは危険度が増します。ここでも、不自然に置かれた紙袋や装飾品などには盗撮カメラが仕込まれていることがあるので注意しましょう。
・**自宅の玄関ドアから、部屋の中が丸見えの状態になっていないか**気をつけましょう。とくに女性の一人暮らしの場合は、自宅ドアの内側に目隠し用の暖簾《のれん》などをかけましょう。
・盗撮犯は目的もなく駅構内をウロウロしたり、エスカレーターや階段付近で対象となる女性を狙っています。**行動が不自然な人**を見かけたら距離をとりましょう。
・盗撮犯はシャッター音を消すアプリを使って撮影しています。**シャッター音がならないからと安心しない**こと。不自然にスマホのカメラが自分に向けられている場合は、気をつけましょう。
・**盗撮犯は男性だけとは限りません。**女性にアルバイト代を渡して女性脱衣所に盗撮カメラを設置させ、盗撮した事案がありました。また、男子トイレで用を足す男の子の様子を盗撮した男性の盗撮犯もいます。

　これらのアドバイスはほんの一例ですが、頭の隅に入れておくだけでも、実際に盗撮犯が目の前に現れたとき、素早く違和感に気づけるはずです。

ポイント

盗聴・盗撮の可能性がある不自然な動きをする人、放置されたままのモノには力メラが仕込まれていることもあるので注意しましょう。

日本で外国人がらみの事件は増えているのか?

一時期、中国人の窃盗団が地方の住宅街を襲う事件が多発したことがありました。つい最近も、福岡県警が特殊詐欺事件の現金引き出し役として逮捕した在日中国人2人が、国外にいるとみられる中国人詐欺グループが募集した「闇バイト」に応じて事件に関わっていたことがわかりました。

国外とのやりとりには、中国人に普及しているSNS「微信(ウィーチャット)」が使われていました。警察は、中国人の特殊詐欺グループが日本をターゲットにして、在日中国人を巻き込んで行った犯罪とみています。

土地勘のない中国人グループが海外から指示を出して犯罪を行うなんて、ちょっと信じられないかもしれません。しかし、これも前述したように、結局は闇名簿によって、その家にたんす預金や金庫があるという情報を得て、犯行に及んでいる可能性があります。

また、東京の六本木や歌舞伎町、名古屋の繁華街でも確認されていますが、飲食店の「安く飲めるよ、かわいい子がいるよ」などの呼び込みに誘われて入った店で、お酒に睡眠薬を入れられ、眠っている間に財布からクレジットカードを抜きとられて、ＡＴＭでお金を引き下ろされた、あるいは身ぐるみはがされて路上に寝かされていたという事件が起こっています。

外国人による刑法犯検挙件数

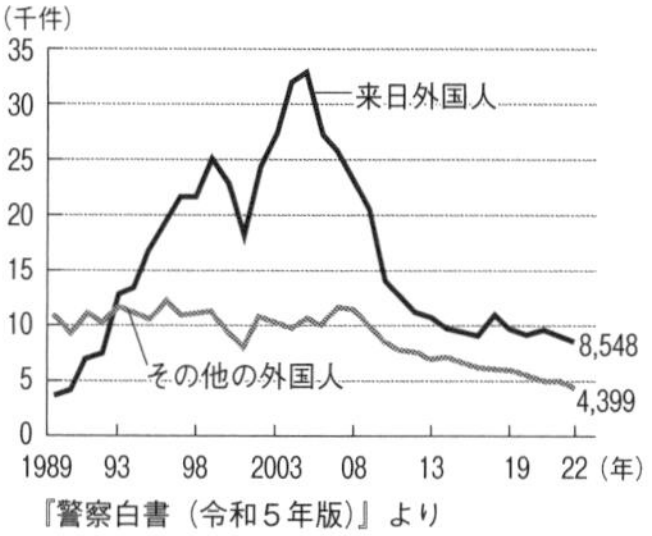

『警察白書（令和５年版）』より

私が見てきたケースでは、このような飲み屋の親玉は西アフリカ系の外国人が多く、その下で働いているのは英語のできる東南アジア系外国人が多かったです。呼び込みをしている店は大体、ぼられる（法外な値段を請求される）か犯罪被害につながるケースが多いので、そもそも行くなというのが私の持論です。

もちろん外国人のスタッフが働く店が、すべて怪しいわけ

来日外国人による傷害・暴行事件は増加している！

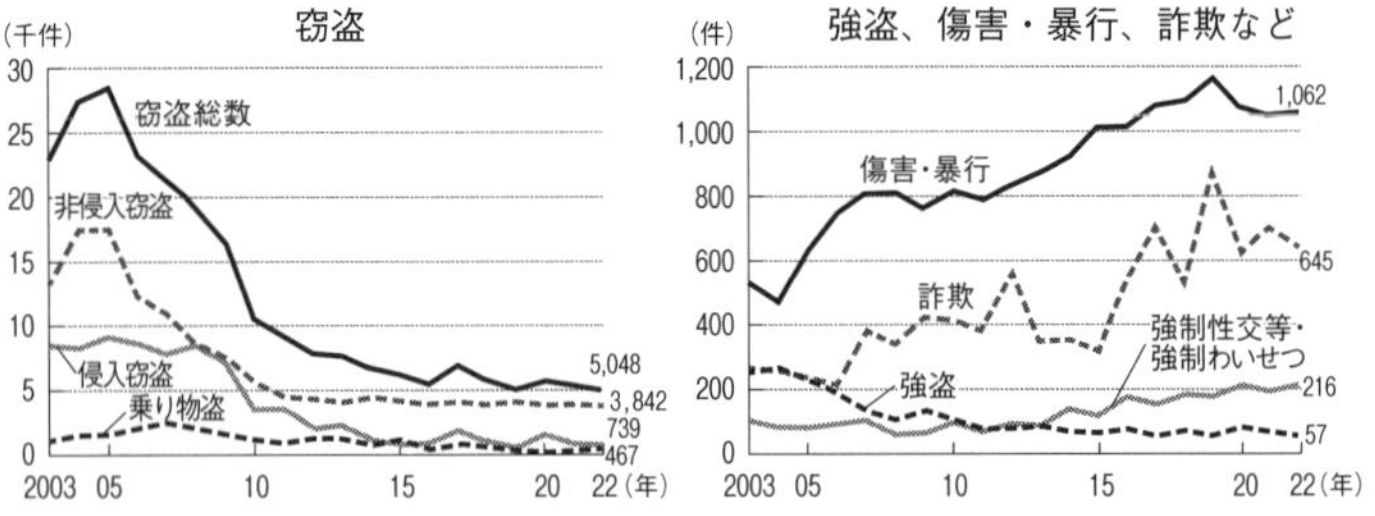

ではありません。できればガイドブックや店舗紹介サイトなどで紹介されている店や、信頼できる人が紹介してくれた店を選びましょう。とくに自分がよく知らない街では、注意するようにしてください。

警察庁の「警察白書」によると、外国人による刑法犯の検挙件数は、２００５年の４万３６２２件から減少し続け、２０２２年は１万２９４７件でした。

また、２０２２年の来日外国人による窃盗及び傷害・暴行の検挙件数を国籍別に見ると、窃盗は、ベトナム人が２６２０件（検挙人員７７０人）と最も多く、次いで、中国人１０６８件（同４６８人）、ブラジル人２３３件（同１２３人）の順でした。

外国人による犯罪自体は減少していますが、暴行事件などはコロナ明けからじわじわと増えています。

来日外国人が増加傾向にあるので、外国人がらみのトラブルや事件が今後も増えることが予想されます。外国人が多く集まる観光地やクラブなどでは、トラブルに巻き込まれないようにしましょう。

ポイント
飲食店での呼び込みなどは特に注意。店舗紹介サイトやホームページに載っている店を選ぶのが安全。

大麻グミ騒動と、若者に広がる大麻汚染の実態

２０２３年11月、東京都小金井市の都立武蔵野公園で開催されたイベントで、「おいしいから、あげる」と男が配っていたグミを食べた人たちが、気分が悪くなったと訴え、救急搬送された人も出ました。

このグミは、通称「大麻グミ」と呼ばれ、大麻に似た成分「ヘキサヒドロカンナビヘキソール（ＨＨＣＨ）」を含んでいました。

配られたときは指定薬物ではなかったので、違法ではありませんでしたが、ほかにもこの「大麻グミ」を通販で購入して食べた人にも健康被害が多発していたことから、厚生労働省はこの「大麻グミ」を製造販売した店舗や事業所に販売停止命令を出しました（2024年4月には、製造会社の元社長ら2人が、指定薬物になっていた商品を保管していたとして逮捕されました）。

これまでも麻薬成分に似せた「合法ドラッグ」が販売されていましたが、そのときは合法でも、健康被害が相次げば使用した成分を調べ、麻薬と似ていると規制対象となり違法となります。ただ、製造する側もずる賢く、微妙に法律の網をかいくぐるように違法になっていない麻薬に似た成分を使って商品を作るので、いたちごっこのような状態になっているのです。

日本では大麻の栽培、所持、譲受・譲渡等は原則禁止されています。非営利目的で所持や譲渡の場合は5年以下の懲役。営利目的の場合は7年以下の懲役または200万円以下の罰金の併科に処せられます（輸出入・栽培はさらに重くなる）。

また覚醒剤は、覚醒剤取締法第14条に違反して所持または使用した場合、10年以下の懲役となります。

20代以下に広がる大麻犯罪

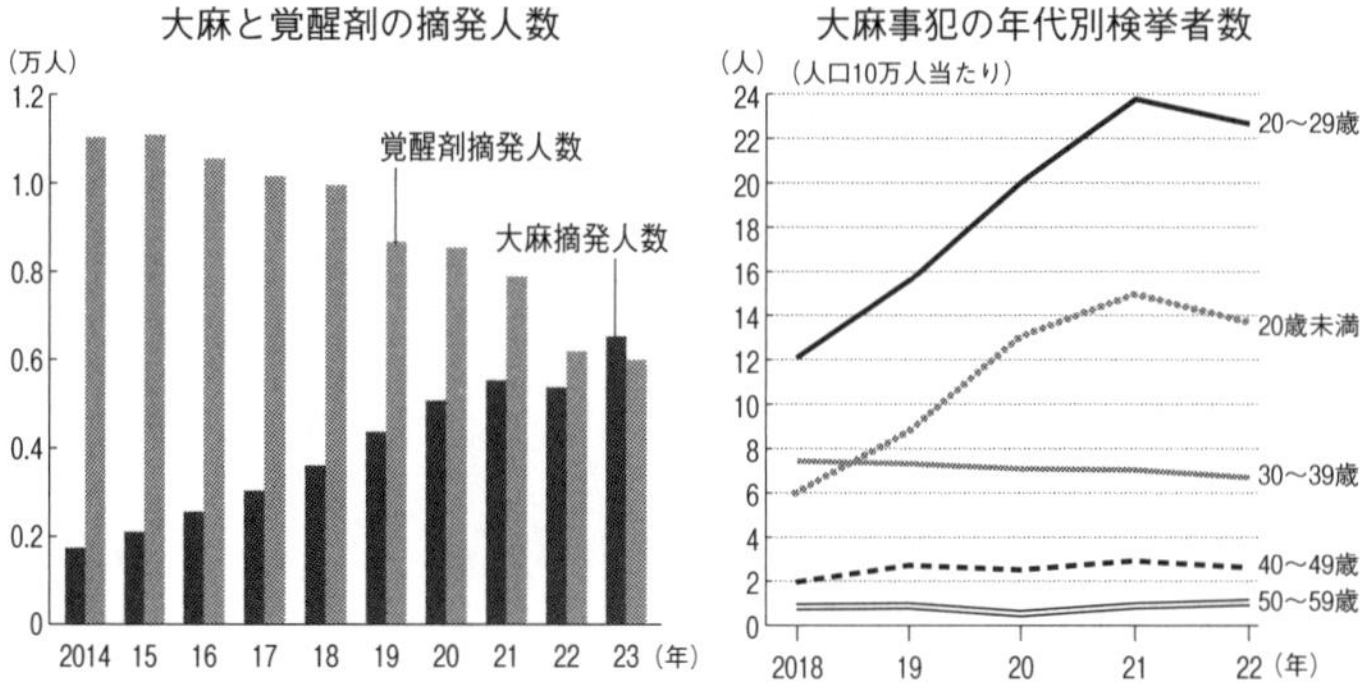

警察庁資料より

また、気をつけて欲しいのが、大麻が合法な国からお土産で買ってきたお菓子に大麻成分が入っているケースがあることです。

例えば、オランダやカナダは大麻が合法で、アメリカも多くの州で合法になっています。日本人が気をつけなければいけないのは、そういう国からお土産として買ってくるお菓子の中に大麻成分が含まれていた場合。日本の空港の税関の別室につれていかれ、尿検査などされて調べられる可能性があることを知っておきましょう。

日本の空港で見つかって没収された場合はまだいいのですが、税関をすり抜けて国内に持ち込んで食べてしまい、その後にケガや病気で病院に行った際の尿検査で大麻成分の陽性反応が出る可能性があります。そうなると、疑いが晴れるまでは警察に留め置かれたり、あるいは健康被害が出る可能性もあります。

このように大麻が合法な国のクッキーやドリンクの中には、大麻成分が入っている可能性があるので、お土産で買う場合も、もらう場合も気をつける必要があります。とくにあやしい人などから勧められた場合は危険です。

たとえそのことを知らないでお土産でもらった場合、罪にはなりませんが、知らなかったことが明らかになるまでは警察の取り調べの対象になることを覚えておきましょう。なぜなら、犯人は嘘をつくのが常なので、「友達からもらった」と言っても、それが証明できないうちは警察の取り調べは続くことになるからです。


大麻の使用がここ2、3年、10代20代の若者の間で広まっていることが懸念されています。大麻が若者を中心に蔓延しているきっかけは「友人から誘われて」「興味本位で」がほとんどです。

大麻乱用が拡大している背景としては、大麻に関する誤った情報が広がっていることがあります。「大麻はタバコよりも害が少なく、依存性が低い」などの誤った情報がネット上に溢れており、若い人たちはそれらの情報を鵜呑みにして、安易に大麻使用に走っているケースが増えていると考えられます。

また違法薬物を売る売人の多くは六本木などの繁華街を拠点として、ＳＮＳや闇サイトで興味を持っている人に呼びかけて、そこからテレグラムなどの秘匿性の高いＳＮＳに誘導して、お互いの素性はわからないまま売買していることも多いようです。

最近では大胆にもＸ（旧ツイッター）で、大麻の隠語である「野菜」という言葉を使って「野菜好き集まれ」「農家だからこそ抜群の味を届けます」など、大麻購入を呼びかける書き込みを見かけるようになりました。一般の通販業者のような書き込みなので、普通の人には気づかれず、またサイトからの制限もかからないまま情報が流れ、大麻の売買をしていることもあるようです。

このような情報も、ちょっと手を染めた悪い友達が周囲に教えたりするので、大学生たちの間であっという間に大麻が広まってしまうケースも多いのです。日本大学のアメフト部の薬物汚染も、このような図式で広まっていったと考えられます。

大麻は海外では犯罪にならない国があり、実際に経験してきている人もいるので、今の若い人たちの犯罪意識はかなり低くなっていると感じます。

しかし、**大麻はタバコの延長ではなく、間違いなく覚醒剤などの麻薬の入り口になり、身体を蝕《むしば》み社会生活もまともに行えなくなってしまう**ことを肝に銘じてほしいと思います。

ポイント

大麻はＳＮＳを経由して若い人たちに広がっている。正しい知識をきちんと教えるようにしましょう。

セキュリティ

3

最新犯罪に巻き込まれないために

勧誘や電話での話は、その場で決めない

前章でもお伝えしましたが、特殊詐欺（振り込め詐欺）に騙されてしまう人たちに共通することは、とにかく誰にも相談せずに、特殊詐欺の犯人の言いなりになってお金を振り込んでしまっていることです。

「あなたの口座やカードが悪用されています」

「保険の還付金があります」

「あなたの息子がとんでもないことになっている」

どれも、心が動揺するフレーズだと思います。

特殊詐欺の犯人たちは、あえてそこを突いてきます。だからこそ、その場ですぐに決めたり、返事をするなど、行動に移さないでほしいのです。

特殊詐欺に途中まで騙されかけた人が踏みとどまった、ほとんどのケースでは、第三者が「それって騙されていませんか？」「怪しいからもう一度、調べたほうがいいよ」と声掛けをしています。

それまでは自分で、「間違いない、大丈夫だ」とか、「息子が大変なことになっているな

ら、今すぐお金を振り込まなきゃ」と思い込んでいたとしても、第三者の視点が入ることで、状況を客観的に見られるようになります。

この第三者の目がとても大事です。視野が狭くなり、固まった考えのままだと、詐欺集団のマインドコントロールにかかりやすくなるからです。いざ当事者になってみると、まさか自分が騙されているとは思わなくなります。だから詐欺事件は後を絶たないのです。

警察の相談窓口は「#9110」

「政府広報オンライン」より転載

例えば、詐欺で騙された話をニュースで見聞きしたときに、「私はそんなことで騙されない」と思っている人でも、平常心で判断できないような状況に詐欺グループは引き込んでしまうのです。

だから私は何度も口を酸っぱくして、「怪しげな話は、まず第三者に相談しましょう」とお伝えしています。

このことを本書で繰り返し伝えている

理由は、それが頭に定着するただ一つの方法だからです。

人は当事者よりも第三者のほうが冷静に状況を見ることができます。当事者はどうしても気持ちが焦ったり、得をしようとしたり、正常な判断ができないように引き込まれてしまいます。

もし近くに相談する人がいなかったら、警察の相談窓口に電話をするといいでしょう。110番の前に「#9」をつけて「#9110」にかけると、警視庁総合相談センターなど各都道府県の相談窓口につながります。管轄警察署の防犯係もおすすめです。相談内容によって、専門の窓口につないでくれるので安心です。ぜひ活用してほしいと思います。

ポイント

第三者に相談することで、冷静な判断ができる。これだけでも詐欺の被害の多くは防げる。

街頭で声をかけられても、足を止めない

最近は少なくなってきたものの、気をつけてほしいのは街中での勧誘です。街中で声をかけて高額商品を売り付けようとしたり、「儲け話がある」と声をかけて、マルチ商法などに勧誘したりするケースがあります。

実際にあった事例としては、「すみません、道を教えてください」と声をかけ、足を止めて親切に教えてくれた相手に、「じつは、私、こういう商品を扱っているんです。興味があれば近くの喫茶店でお茶でもしませんか?」と勧誘するパターンです。

また言葉巧みに「この辺で働いてるんですか?」など、世間話から個人情報を聞きだし、最後に連絡先の交換を求めてくるケースも多発しました。

このようなキャッチセールスは、道行く人の中から「優しそうな雰囲気で、声をかけたら立ち止まってくれそうな人」を選んでいます。

この対策は簡単です。絶対に足を止めないこと、これに尽きます。

「すみません。ちょっといいですか?」

と明るく声をかけられて、思わず「何でしょう？」と、足を止めてはいけません。なかには「お、久しぶり！　元気？」と声をかけてくるパターンもあります。

でも、こんなときも基本的には聞こえないふりをして、急いでいるというジェスチャーで手を挙げて通りすぎましょう。

もし本当に知り合いだったら、あなたの名前を呼ぶはずです。

「おい、〇〇（名前）！」「△△さん！」と呼ばれて顔を見たら、地元の先輩だったということもあるかもしれません。そのときは、「先輩、失礼しました！」と謝ればいいのです。

明らかに知らない人からの勧誘に関しては、声を掛けられても、そちらに顔を向けず、立ち止まらず、表情も変えないことです。このような街中での勧誘は、足を止めたところから被害に巻き込まれていくので注意が必要です。

最近では、ティッシュ配りの人は完全に無視しているのに、違う声がけをされると思わず立ち止まってしまうケースも多いようです。

ただ、キャッチセールス自体は違法な勧誘ではありません。キャッチセールスを行うとき、道行く人に付きまとったり、進路をふさいだりする行為は禁止されています。そのようなことがあれば近くの交番に通報しましょう。

違法なのは、路上で「アンケートに答えてください」と声をかけて、近くの喫茶店などに連れて行き、その場で商品やサービスの契約をさせる悪質商法です。また、「1時間3000円ぽっきり」と店の前で客引きをして、実際には会計の時に不当な値段を請求してくるぼったくり店への誘導も問題になっています。いずれも違法行為として風営法・条例違反として処罰の対象となっています。

ポイント

路上での声かけには足を止めず、聞こえないふりをしよう。立ち止まってしまうと詐欺に巻きこまれるきっかけになることも。

リアルでもSNSでも、無闇に自分の個人情報は教えない

現在は、SNSをきっかけに知り合いを広げるパターンが増えました。趣味や嗜好が同

じ、同じタレントのファン同士、知り合いのSNSを通じて友だち申請が来るなど、SNSのやりとりを通して知り合うケースもあります。

知り合いが増えること自体は悪いことではありません。適切な距離で適切な付き合い方ができていればいいと思います。

ただ残念なことに、いつの時代にも「人を騙してやろう」「弱みに付け込んでやろう」「お金を奪ってやろう」と悪だくみを考えている人はいます。とくに顔が見えないSNSでのつながりでは、趣味などを通じて意気投合しても、それだけで相手をすべて信頼してしまうのは危険もあるのです。交友関係を築いてから騙しにかかるのが、詐欺の常套手段だからです。


ここで大事なのは、SNS上であろうとリアルで会ったときだろうと、無闇やたらと自分の個人情報は話さないことです。

住んでいる地域くらいならいいですが、自宅の最寄り駅や勤め先、家族構成などは初めて会うような相手には伝えないほうが無難です。

詐欺師は話を合わせるのがうまいので、あなたとの会話に上手に口裏を合わせて、「私もじつは若い頃、あなたの住む町の近くに住んでいたことがありました」

「私も同じ趣味です。気が合いますね」

と親近感をもたせて、さらに個人情報を聞きだしてくるのは常套手段です。

もちろん、出会う人のほとんどは問題ない人だと思いますが、それでも心のどこかに「警戒心」はもっていてください。

その心掛けが、悪人（またはスパイなど）を探知するセンサーの働きをするからです。相手が良い人なら仲を深めていけばいいですし、逆に「おや、変だな」と思ったら距離を置けばいいのです。

それを見極めるためには、小さな質問を時間をあけて行うのが有効です。相手の話した情報を覚えておく必要はありますが、相手が話したことを次に会ったタイミングや、ＳＮＳやオンライン上でやり取りするときに確認してみてください。

「そういえば、最近、実家に帰ることはあるの？」

「このまえ職場の近くを通ったよ。今の時期は仕事で忙しいでしょう」

別にカマをかけるというわけではありませんが、相手が話していたことを再度、質問して同じ答えが返ってきたら、まずは安心。でも、以前と話していた内容が変わったり、自分が話したことなのに覚えていなかったら、相手は嘘をついているかもしれません。

この確認の仕方は、私が公安捜査官をしていた時代、スパイやスパイの協力者を見抜くのによく使っていた手です。

今の時代は積極的に異業種交流会などに出席したり、ＳＮＳのフォロワーを少しでも増やすようにしたり、人脈を広げようとしますが、過度な個人情報の公開や、仕事の手柄話、儲かった話、高級車やブランド品をたくさん所持していることなどを第三者に話したり、ＳＮＳで投稿すると、それを見聞きした犯罪をたくらむ人たちが近づいてくる可能性がぐんと高くなります。

そのことを頭に入れて情報管理をしっかりすること。それがリスクマネージメントの基本中の基本です。

ポイント

相手が話した内容を、時間をおいて再度質問してみましょう。同じ答えが返ってきたらOK。違う答えなら嘘をついている可能性あり。

警視庁 HP より抜粋

防犯フレーズ「イカのおすし」は特殊詐欺対策にも

「イカのおすし」という防犯フレーズを聞いたことがありますか？

これは2004年に東京都と警視庁が考案し、主に小学生の児童向けに誘拐犯から身を守るための教えを、わかりやすく「イカのおすし」という言葉で伝えたものです。

イカ → 知らない人についていて**イカ**ない
の → 知らない人の車に**の**らない
お → 危険な目にあったら、**お**おきな声でさけぶ
す → その場から**す**ぐにげる

し　↓　大人に**し**らせる

このわかりやすいフレーズは、あっと言う間に子どもたちに広まり、防犯意識を高めることができました。これも繰り返し、具体的に伝えることで、子どもたちに「危ない目にあったときの対処法」が理解されて定着したのだと思います。

このフレーズは、特殊詐欺にも使えます。

イカ　↓　銀行やATMで振り込みを依頼されても、**イカ**ない

の　↓　おいしいバイトや投資話に**の**らない

お　↓　**お**互い、近所で情報交換

す　↓　闇バイトだと気づいたら、**す**ぐにげる

し　↓　怪しい電話がかかってきたら、家族に**し**らせる

普段から「イカのおすし」のフレーズを繰り返して読んだり見たりして、特殊詐欺に遭わないよう防犯意識を高めましょう。

ポイント

詐欺被害の話を自分には関係ない、と思うことが危険。当事者意識をもつ

ために、大人も「イカのおすし」を覚えておこう。

人ごみは、それだけリスクも高まる環境

２０２２年10月29日、韓国の繁華街・梨泰院《イテウォン》でハロウィンの日に大勢の人が狭いエリアに集中し、群衆雪崩《なだれ》が発生して大勢の人が亡くなりました。

群衆雪崩とは、多くの人たちが殺到して身動きができないくらい密集している状況で、誰かが転ぶとか、ちょっとしたきっかけで群集全体のバランスが崩れて、雪崩のように人が転倒していく事故のことです。

梨泰院での事故は、両側に建物が並ぶ狭い一本道に多くの人々が詰めかけたことで起こりました。脇道があれば人が逃れることができたのですが、細い路地に多くの人々がすし詰め状態になったことも群衆雪崩を誘発した要因と考えられます。

日本でも２００１年７月21日、兵庫県明石市の駅に向かう歩道橋で花火大会帰りの見物客がぎゅうぎゅうになって群衆雪崩が起き、子ども９人と高齢者２人の11人が死亡、２４

7人が負傷した事故が起こっています。

では、これらの群衆雪崩はどうしたら防げたのでしょうか？

群衆雪崩の発生を防ぐには、人々が集まる場所へのルートを一方通行にするなどして、人々の流れをコントロールすることが必要です。

梨泰院のハロウィンイベントや花火大会などは、多くの人々が集まることが事前に予想されただけに、地元の警察などが群集を誘導するように警備態勢を整えなければなりませんでした。

安全性の観点からいえば、多くの人々が集まる場所はそれだけリスクも大きいので、可能であればそのような場所に行くことは控えたほうが賢明でしょう。また、目的地の近くに行ってからでも、すごく混雑していたら、ルートを変えたり時間をおいて混雑が解消されるまで待つなどの対処法もあります。多くの人たちが集まる場所には、多くの危険が潜んでいると考えておいてください。

毎年行われる渋谷のハロウィンでも、お酒が入った仮装した人々による乱暴騒ぎが起こったりしています。仮装パレードが悪いのではありませんが、ここにも「群集心理」が作用しています。

「群集心理」とは、個人ではやらないようなことも、集団になるとやってしまうような心理状態のことを指しています。

さらに詳しく言うと、群集とは「不特定多数の人間が、共通のテーマによって一時的にある場所に集まってできる未組織な集合体のこと」。そこには統制するリーダーがいるわけではなく、ある意味、ルールが成立していないのです。

その群集は、社会心理学的には、次のような状況でできるとされています。

1．**「突発的群集」**　事故や災害など予測不能な緊急事態によってできる。

2．**「偶発的群集」**　人々がイベントなどに惹《ひ》かれて、一定の場所に大勢の人が一斉に押し寄せることでできる。

3．**「定期的群集」**　共通の目的をもつ人々が、定期的に一定の場所に集まってできる。

このように「群集」にはさまざまな種類がありますが、「群集」の一番の危険性は、群集に巻き込まれた人は、自分の意思による判断ができなくなると同時に、一人一人のときとは異なる心理が働くことです。それが群集心理です。

その群集心理の特徴は、次の4つが挙げられます。

1．**「匿名性」**　自己の言動に対する責任感と個性がなくなること。

2.**「被暗示性」**　暗示にかかりやすくなり、その場の雰囲気にしたがった行動をしてしまうこと。または、群集の中にいる人たちの思いが伝染するように、共通した感情を持ちやすくなること。

3.**「感情性」**　普段は冷静な人でも感情的になり、論理的に考えられなくなること。

4.**「力の実感」**　群集に属することで、自分たちが強くなったように勘違いすること。

このような「群集心理」が悪い方向に働いてしまうと、暴動やパニックが起こるのです。具体的には、未成年者たちによるリンチ事件などは、集団の力が働くことで暴力行為に歯止めがかからなくなって、殺人にまでつながってしまうと考えられています。

もちろん「群集心理」がいつも悪い状況に向かうわけではありません。オリンピックなどは、国を挙げて皆で応援する力が大きなエネルギーになったり、みんなの力で大きな目標を成し遂げる力になったりします。

ただ防犯意識の観点からいうと、「群集心理」は火事と似ています。はじめは小さなボヤのような騒ぎが、あっという間に周囲に広がって大火事（暴動）になってしまい、コントロールできなくなってしまうのです。知識として頭に入れておきましょう。

ポイント
多くの人々が集まる「群集」には、危険なパワーがあることを知っておこう。

〈強盗にあったら〉とっさに悲鳴をあげてはいけない

ここからは、暴漢や強盗にあったときの心得をお伝えします。前述したように、最近、日本国内では闇バイトで集められた実行犯による稚拙な強盗事件が多発しています。行き当たりばったりな集団だからこそ、凶暴な手口になる可能性もあります。

そんなとき、どうするか。もし強盗に襲われたら、あなたはどのような振る舞いをしたらいいのでしょうか。

皆さんは、ドラマや映画で強盗に襲われるシーンを何度か目にしたことがあると思います。そんなドラマで描かれる被害者の対応や、いざという場面でやってしまいがちな行動が、現実の場面では「やってはいけないこと」になる場合があります。

93ページで紹介した児童向けの「イカのおすし」では、「知らない人に連れていかれそうになったら大声を出す」と述べていますが、それは誘拐の場合です。

相手が凶器を持った強盗の場合は、悲鳴をあげてしまうと、焦った強盗犯が殴りかかってきたり、刃物で切りつけてくることがあるので、やってはいけません。

強盗が家や店に入ってきた場合、まず守るべきは自分の命です。大きな悲鳴をあげることで強盗犯が周囲に犯行がばれるのを恐れて、口封じのために襲ってくるかもしれません。強盗犯は気が高ぶっているので、どんなことをしてくるか予測ができません。なるべく犯人を過度に刺激したり、こちらに注意を向けさせないためにも、大声を出さないほうがいいのです。

ポイント

大きな悲鳴は、強盗犯の感情を高ぶらせて、逆に襲ってくる可能性を高めるので危険。

〈強盗にあったら〉犯人の目を凝視しない

ここ数年、クマが人里に下りてきて、たまたま出くわした人を襲うケースが全国で多発しています。このクマにあったときの対処法と、強盗に遭ったときの対応は似ている点があります。

それは、犯人の目をじっと見つめない、ということです。動物の場合、犬でも猫でもクマでもサルでも、相手の目を凝視することは敵意を示しているとみなされます。クマなどは最たるもので、クマの目をじっと見つめると、クマがいきなり襲ってくることがわかっています。ツッパリなど不良同士の喧嘩が、にらみ合いから始まるのと同じです。強盗に入られた恐怖心から相手の目を凝視してしまうと、強盗犯へ敵意を伝えることになり、怒りを自分へ向けさせることになります。

また強盗犯の場合は、「顔バレ」することを何よりも嫌がります。じっと目を見てきたということは、自分の顔を見られたと思います。たとえ強盗がうまくいったとしても、顔を知られてしまったら、足がついて警察に捕まる可能性が高くなります。強盗が押し入った家の人を殺してしまうケースは、顔バレしたことも大きなきっかけになっています。

もちろん、強盗犯に家に入られて冷静でいることは難しいですが、犯人の目を見るのではなく、胸元あたりに視線をおくこと。

犯人が離れたところで動き回っているときは、余裕があれば外見の特徴を覚えておくこと。

間違っても近くで強盗犯の顔をまじまじと見たり、目をじっと見るのは危険なのでやめてください。

ポイント

恐怖心から強盗犯の目をじっと見つめない。相手に敵意を感じさせてしまい、攻撃される可能性が高くなる。

〈強盗にあったら〉背中を向けて逃げてはいけない

強盗や暴漢にいきなり襲われたら、気持ちとしては一刻も早くその場から逃げ出したいと思うでしょう。

でも、そんなときやってはいけないのが、背中を向けて走って逃げることです。まず、無防備な自分の背中を相手にさらす行為は、隙を与えるだけで危険な行為です。

漫画『ゴルゴ13』の主人公、殺し屋のデューク東郷は、どんなときもけっして他人に自分の背中を見せません。背中を見せてしまったら、敵の殺し屋にやられてしまうからです。

ちなみに私も、公安捜査官時代は、スパイやその協力者（モニター）と接するときは、背中を見せずに、つねに半身になれる心構えでいつ相手が襲ってきても対応できるように防御態勢をとっていました。

じつは今もその頃の癖で、自分の背後に人が立つような状況はできるだけ避けています。それだけ相手に背中を見せるという状況は、相手の動きを察知するのが遅れ、襲われても対処できなくなってしまうのです。

では、強盗や暴漢が家に侵入してきたらどのように逃げればいいのでしょうか。そのような状況になったら、できるだけ足音を立てないように、静かに後ずさりをするようにしてその場から逃げることです。

そのほうが強盗の動きを見ながら、臨機応変に隠れたり、隙を見て一気に逃げたりすることができます。

一番いけないのが、悲鳴をあげながらドタバタ慌てて背中を向けて逃げることです。それだけで強盗や暴漢はあなたにロックオンして、阻止しようと追いかけてきます。

人には、逃げれば追いかけたくなる、という心理が働きます。究極の場面だからこそ、ちょっとした行動の差で命が助かるかどうかが違ってきます。

ポイント

背中は人間が一番無防備な場所。暴漢から逃げる場合は、相手に背中を向けずに後ずさりしながら静かに離れること。

〈強盗にあったら〉闘ってはいけない

ドラマや映画のシーンだったら、強盗や暴漢に襲われそうになったら、どんな人でも闘おうとするかもしれません。しかし現実では、普段から格闘技などを身につけている人でもない限りは、闘おうとしてはいけません（その場合でも、あまりおすすめしません）。とくに相手が刃物などの武器をもっている場合は、とにかく最優先するのは逃げることです。

アメリカの国務省が推奨するテロ対策では、「ラン（Run）・ハイド（Hide）・ファイト（Fight）」という原則が掲げられています。

まず、「走って逃げる」、次に「隠れて身の安全を確保する」、最終手段として「闘う」としているのです。

しかし犯人を捕まえようと立ち向かっていくことは、絶対にやめてください。あくまでも、このまま何もしなければ死を待つのみという状況になった場合だけ、闘うという選択があるのです。

この「ファイト」の意味を欧州の国ではときどき勘違いする人がいるため、「ラン・ハイド・テル（Tell）」と、最終手段でも通報を呼びかけるのみで、攻撃することは推奨していないくらいです。

ポイント

相手が凶器を持っている場合、犯人を捕まえようとして立ち向かわないこと。まずは逃げることを最優先する。

〈強盗にあったら〉犯人に反抗してはいけない

強盗犯が家に侵入して居座ったり、暴漢に拘束されて膠着状態になるケースも考えられます。最悪の状況は長期戦になることかもしれません。そうなった場合、やってはいけないのは犯人を説得しようとすることです。犯人に余計な刺激を与える恐れがあるので、やめてください。

犯人からの指示にはできるだけ従ってください。仮に「床に伏せろ」と言われたら伏せてください。映画やドラマのように指示に反抗して、犯人にストレスをかけることはやめましょう。

日本国内ではこのような事件は多くありませんが、海外に行った場合、治安は日本より悪く、言葉が通じないこともあり、こういう状況に置かれるケースがあることも知っておくとよいでしょう。

監禁状態で、犯人と人質との間に信頼関係ができることを「ストックホルム症候群」といいます。もし監禁されて人質になってしまった場合は、できるだけ「ストックホルム症候群」を起こすようにします。そのほうが生存確率を上げることができるからです。

でも、だからと言って、自分から犯人と信頼関係を築こうとしてはいけません。犯人は、その場で自分以外の人間にイニシアチブ（主導権）を握られるのを嫌います。相手を怒らせる可能性があります。

ひたすら犯人の言うことを聞いて、話しかけられたときのみ話すようにしてください。

犯人に抵抗せず、かつ言われたことは聞き入れて信頼関係を築くようにする。緊迫した場面でかなり難易度の高い振る舞いではありますが、事前に身を守る知識を知っていることが、自分の命を守る瀬戸際の判断につながるのです。

ポイント

犯人に拘束されてしまったら、反抗せず、できるだけ指示に従うのが、生存確率を上げるポイント。

自宅に強盗が入ったときに避難する「パニックルーム」

自宅に強盗が入ってきた場合、心がけてほしいのは「強盗犯と対面しない」ということです。トイレに逃げる、寝室に隠れるなど、とにかく犯人に見つからないように隠れることを優先してください。

仮にトイレに逃げ込んだことが強盗犯にバレても、ドアに鍵がかかっていれば無理やりドアを開けるのを諦め、家の中の金目のものだけ盗んで逃げていく可能性が高くなります。自分の命を守ることが一番なので、もしものときのために、家の中に避難できる場所を用意しておくことをおすすめします。

海外では家の中に必ず、「パニックルーム」（強盗などから身を守るための緊急避難用の部屋）を用意しています。特別な部屋でなくても、寝室などにカギがかかるようにしておくだけでも、いざというときに逃げ込めます。

とくに資産家の家や、著名人、自宅にジュエリーや高級腕時計を置いている場合は、狙われる可能性が高くなるので、身を守るための「パニックルーム」を用意しておきましょう。

ポイント

家の中に、身を守るための「パニックルーム」を備えよう。

セキュリティ

4

日本はスパイ天国。知らないと、あなたも巻き込まれる

日本はスパイ天国

「日本には数万人規模の外国人スパイが活動している」

と聞いたら、驚く方も多いでしょう。

実際に、私は公安部外事課で、外国の敵意あるスパイ活動を無力化するための防諜（カウンターインテリジェンス）を担当してきたこともあり、多くの海外スパイと対峙してきました。

スパイと言うと、映画や漫画に出てくるようなスマートで華やかなイメージを抱くかもしれませんが、実際のスパイは世間に溶け込む目立たない存在でなければならず、外見も地味でわからないものです。

スパイ活動の主な目的は、国外でさまざまな情報活動を行いながら、自国にとって有害な活動をする個人や組織を調査しています。場合によっては、自国が有利になるように世論を操作したり、場合によっては暗殺や破壊工作をする場合もあります。

では、日本は海外のスパイからどんなことが狙われているのでしょうか。大まかに分けると、次の3つの情報をスパイたちは狙ってきます。

・国家の機密情報
・安全保障に関する軍事・防衛情報
・企業の最先端の技術や情報

この中でも、最近は大企業の通信設備に関する機密情報や、戦争の兵器にも使える最先端技術の情報、半導体の最先端技術を狙ってくるスパイが増えています。それだけAIや半導体の最先端技術が、世界で覇権をとるための条件になっているからです。

冒頭で、日本には外国人スパイが数万人規模で暗躍している、と述べましたが、それは裏を返せば、日本が「スパイ天国」だということです。

アメリカにはCIA、イギリスにはMI6、中国には国家安全部（MPS）、ロシアにも世界的に恐れられているKGBの後継組織SVRなどの組織があります。それ以外の北朝鮮や韓国、イスラエル、トルコなどにも情報機関があり、スパイが日本に来てさまざまな情報を集めているのです。

ではなぜ、日本は「スパイ天国」なのでしょうか。それは、**先進国の中で日本だけ「ス**

パイ活動防止法」がないことが理由の一つです。

「スパイ活動防止法」とは、あらゆるスパイ活動を取り締まることができる法律で、情報を盗み取っただけでなく未遂行為や、機密情報を探ったり、集めるといった予備行為、機密事項に関するデータ紛失などによる漏洩もスパイ活動には含まれます。多くの国で、最高刑は死刑または無期懲役と重いのも特徴です。

日本にはこれらを取り締まる「スパイ活動防止法」がないので、機密情報を盗んだといった現行犯でない限り、捕まらない。それも窃盗などの罪に問われるくらい。つまり、情報は盗み放題で、スパイにとってはまさに「天国」と言われても仕方ない状況なのです。

海外のスパイの多くは、自国の大使館職員という身分で日本国内に入っていたり、民間のビジネスマンとして日本でスパイ活動を行うケースもあります。

例えば、ロシアは外交官という身分以外に、民間人であるタス通信の特派員という立場でスパイ活動をするケースがあります。取材と称してコンタクトを取りたい日本人にアポをとり、情報をとりにいくのです。ある意味、タス通信は、ロシアの対外情報庁（ＳＶＲ）と通じていて、主に海外企業の情報収集と分析、および情報資料の交換を統括しているといえます。

また、日本で暮らしている外国人（在留許可や日本国籍をもつ人も含む）をモニター（協力者）にして、情報を集めるケースもあります。

中国政府は日本で働く中国人や留学生のデータをすべて把握しているので、中国政府がターゲットにしている企業や研究所に勤める中国人に、スパイを管理するスパイマスターが連絡をして、スパイ活動に協力させています。お金でスパイをさせる場合もあれば、「家族に年金をあげる」などと言って（逆に家族を人質にすることもある）、ほしい情報をとってこさせるのです。

では、スパイはどのように目的となるターゲットに接近するのでしょうか？

多いケースは、パーティなどで名刺交換をした企業や大学の研究員、最先端技術に関わる会社などに勤めている人に目をつけて、最初は「食事にでも行きませんか？」と誘い出します。そして、親しくなってから「社内報を見せてほしい」「（いろいろ真っ当な理由をあげて）取引先企業のことを教えてほしい」などと言ってきます。

「これくらいの情報なら……」と日本人は軽い気持ちで対応してしまいがちですが、これも立派なスパイ行為にあたります。とくにビジネスマンは、自分が思っている以上にターゲットにされる可能性があるということを意識してください。

スパイがほしがる企業の機密情報

現代社会では、各企業は熾烈な競争を繰り広げています。研究開発に力を注ぎ新しい製品や技術を生み出したり、新しいオペレーションやサービス、顧客開拓、独自戦略などを立て、他社をリードしようと頑張っています。これらの情報は財産であり、企業の機密情報として管理されているのが普通です。スパイのターゲットの一つが、そんな企業の機密情報です。

スパイが直接かかわったというわけではありませんが、企業の情報漏洩事件は、これまでも日本でいくつも起こっています。例えば日本の製薬会社や電子部品の会社、自動車メーカーなどでも、ライバル会社に社員が引き抜かれることで、社内の極秘データやノウハウが流出するケースはありました。

記憶に新しい大きい事件では、2022年9月にかっぱ寿司の当時のT社長が「不正競争防止法」違反の疑いで逮捕された事件があります。

T社長は、競合する「はま寿司」の仕入れ価格などの営業秘密を不正に入手して、持ち出していたのです。T氏は、はま寿司の運営企業に長年勤務し、かっぱ寿司に転職するときにデータを手に入れたようです。T氏は2023年5月に東京地裁より懲役3年（執行猶予4年）、罰金200万円の有罪判決を受けています。

ほかにも2014年にはベネッセコーポレーションの顧客情報を委託先企業の派遣社員が持ち出し、名簿業者に売却した事件。2021年には、ソフトバンクの元社員が転職先の楽天モバイルに機密情報を持ち出し、逮捕された事件などもあります。

このため各企業では、機密情報漏洩防止に取り組み、リスク管理などを進めています。会社などに入社する際、契約書の中に「退社するときには一定期間、同業他社には就職しない」という条項を入れたり、退職の際には「業務上知り得た機密情報を外に出さない」という機密保持の契約を交わすのが一般的になっています。

しかし、社員が外国人の場合は、その条項が通用しなくなります。例えば中国人が日本の企業で働いたあと、退職して中国に帰ってしまった場合です。

帰国後、同じ業界のライバル企業や研究機関などに就職したら、データは持ち出さなくても、自身が知り得た情報を流し放題になる可能性があります。すでに日本国内にいないので、日本の法律は及びません。これが正直、中国の手口なのです。

機密情報を国外に持ち出された場合、損害賠償の裁判を起こすことはできますが（日本の裁判所に）、本人（被告）の身柄が国外にあるので、国際指名手配はできるものの、持っていかれた情報やデータは取り戻せないケースがほとんどです。

このように社員などが情報をもって転職するほか、企業の機密情報を盗むのがスパイです。やはり中国はスパイ活動が活発なので、最先端の研究をしている日本人の社員や研究者に対して、スパイがコンタクトしてくることがあります。

その手口はまず、狙いをつけた企業の日本人社員や研究員の背景を徹底的に調べます。そして、今もらっている給料よりもっと多くの給料や好待遇の条件を提示したり、転職先のいいポジションを用意します。その社員が、社内で評価されていないことや、自分の研究成果が認められていないという不満を見抜いて、声をかけていきます。もちろん、正式なリクルートではないので、正面からは当たってきません。

それは、ターゲットがプライベートな場やSNSなどで会社の不満を口にしていることまで、過去にさかのぼって調べ上げていくのです。

「あなたに今以上の高額な報酬と、自分がやりたい研究をさせてあげよう」
「あなたの研究論文が世に出るように、全面的にバックアップしたい」
「あなたのような優秀な研究者は、中国へ行けば国中で認められる」

などと甘い誘いをかけ続けることで、中国に行って成果を上げたいという研究者の希望を叶えるような状況を作り上げるのです（もちろん、最初は友人になりたいなど、ソフトなアプローチで親しくなっていきます）。

また、ターゲットとなる人間を引き抜いたり転職させるという形ではなく、日本の企業や研究所に勤めながら、ほしい情報を漏洩させるケースもあります。これは最初から金銭と引き換えに情報提供を持ちかけるのではなく、「日本のことを勉強したい」とか「もっと会社のことを教えてください」と言って、「お礼にご飯をご馳走します」といった関係づくりから始めるケースが多いようです。それがだんだん高価なプレゼントになり、自分では行かないようなレストランでのご馳走などと、深みにはまっていきます。後述するハニートラップがからむこともあります。ターゲット本人もそれはわかっていながらも、甘い言葉でそそのかされて、後戻りできなくなってしまい、スパイの協力者にさせられてしまうのです。こうなると、もう完全にスパイ行為に加担していることになります。

これは**大企業や研究所などに勤める人だけでなく、中小企業やＩＴのスタートアップ企業でも、独自技術やノウハウを持つところは狙われる**こともあるようです。

個人的に急に親しくなったような人物から、会社や仕事のことを深く聞かれるようなことがあったら、決して自分だけの判断、独断で動かないことです。声をかけられた相手や状況を含めて会社に報告し、会社として徹底的に調べるなど、対応してもらいましょう。

また中国が世界各国に設置している「海外警察」にも警戒が高まっています。2023年5月、JR秋葉原駅の近くの民泊に使われていたホテルを拠点にしていた中国の「海外警察」では、当時、中国の福建省の地名が入った一般社団法人が所在していました。法人の活動目的は、福建省出身者や中国系企業が日本企業の主要人物と交流するためだと言われていました。

この「海外警察」に捜査が入ったのは、この法人の幹部だった中国人女性が長野にある関連会社のエステサロンで、新型コロナの影響で売上げが減った事業主への持続化給付金を騙し取った詐欺容疑で書類送検されたのがきっかけです。これで、中国の「海外警察」の拠点であるとわかりました。

じつはこの中国人女性はスパイで、自民党の参議院議員の私設秘書となり、事務所や議員会館に出入りしていたこともわかっています。

とくに議員会館内では、法案を作るための資料作成にあたって中央官庁の幹部を呼びつけて説明させたり、内部資料などもやり取りします。FAXやメールで重要な資料が送られてくることも多く、議員会館に出入りできれば、それらの機密書類を見ることも写真を撮ることもできます。その上、どのような人たちとやり取りしているのかチェックすることもできるわけです。

このようなスパイ行為を、どのように防げばいいのでしょうか。

企業の場合なら、まずは社員が社内情報にアクセスできる権限を明確に決めることです。その際、社内情報の重要度ランクも明らかにして、「機密なのか、機密ではないのか」明確にすることが大事です。

そのうえで機密情報にアクセスできる人間を定めて、さらにアクセスするときには許可制にするなどして制限をかけます。アクセス権限がある人でもアクセスをしていることがわかるようにして、ときどきログを調べ点検すれば、不正な情報漏洩はかなり防げるはずです。また社員の退職がわかったらすぐに情報にアクセスできなくすることも必要でしょう。

さらに厳重にガードするには、事業所や研究所内に入るにはパスを持っている人しか入室できないように厳密にコントロールすることです。指定した特定場所ではスマホの持ち込みも禁止にすれば、なおいいでしょう。古典的ですが、スマホでパソコンの画面を写真に撮ることで情報を盗む手口もまだまだあるからです。

ポイント

会社の機密情報にアクセスできる人は、予想もしないところからのアプローチもある。自分はスパイとは関係ないと考えない。

中国（香港）の反スパイ法について知っておこう

２０１４年、習近平氏が国家主席に就任した直後に中国の反スパイ法が制定されました。この反スパイ法とは、中国国家の安全を脅かすようなスパイ行為に対する取り締まりを定めたもので、スパイ行為に関係した人は外国人、中国人を問わずに逮捕することができます。

その反スパイ法は２０２３年7月に改正され、施行されました。何が改正されたのかというと、「国家機密」だけでなく、「国家の安全と利益にかかわる文書、データ、資料、物品の窃取、偵察、買収、不法提供」などのあらゆる手段を使った情報流出をスパイ行為としました。さらに「その他のスパイ活動を行うこと」として、ここに書かれていること以外でも、スパイ行為とみなされる可能性があるようになりました。

今までも、どのような組織や人物がスパイ組織に当たるのか、またどのような行為がスパイ行為に当たるのかは曖昧《あいまい》だったのですが、改正法でも必ずしも明確ではありません。

例えば、中国当局に職務質問をされて、**パソコンやスマホなどのメールの内容まで全部調べられて、「これは国家の安全にかかわる映像だ」「違法文書だ」などと中国側の解釈次第で、スパイ行為とみなされてしまう**ことになります。習近平政権の批判や、台湾独立に関する内容がスマホに残っていたりすると、危険です。

つまり、運用は中国政府の解釈次第、という曖昧さが残されているのです。最高刑も死刑になっています。

そして、国家安全保障機関は国民を動員してスパイ行為を阻止すること、国民はその支援を行うことも制度化されました。中国国民は、みんながスパイ活動の阻止に協力しなければならないのです。

この改正反スパイ法が問題なのは、中国国内にいる中国人や外国人はもちろん、海外にいる中国人にも適用されることです。

2014年に反スパイ法が施行されたあと、中国にいる日本人がスパイ行為に関わったなどとして拘束されるケースが相次いでいます。

具体的には2023年3月、大手製薬会社のアステラス製薬の日本人駐在員の男性がスパイ活動に関わった疑いがあるとして北京で拘束されました。

この日本人社員は延べ20年間、中国に駐在して中国とのビジネスにかかわっていることはわかっていますが、「スパイ活動に従事した疑い」が、具体的にどのようなことなのか、中国当局は明らかにしていません。また、この駐在員はいまだに取り調べのため拘束されています。

それ以外にも日本政府の発表によると、少なくとも17名の日本人が拘束されており、うち9名が中国の裁判で実刑判決となり服役しています（2024年4月現在）。しかし、裁判は非公開になっているため、何が問題になっているのか、どのような行為が法律に違反したのか具体的にはわかっていないのです。

●突然の身柄拘束は頻繁に起こっている！

ほかに問題になっているのは、短期間の拘束です。例えば、いきなり警官などの詰め所に連れていかれて5、6時間拘束される。あるいは3日間、身柄拘束される。このように拘束された後に解放されているケースは、日本では表向き報道されていませんが、私が知るところによると、ここ数年その数は増え続けているのです。

短期拘束の多くは中国の空港やダムの写真（動画）撮影がきっかけです（詳しくは〈セキュリティ6〉を参照）。

日本政府は中国政府に対して抗議するとともに、拘束されている日本人の早期解放を強く申し入れていますが、それで解放された人はいません。日系企業に与えた衝撃は大きく、現在中国に駐在している日本人や、今後、中国に赴任予定の日本人社員たちから不安の声を多く聞くようになりました。

実際、私のところにも、中国に駐在員を送り出したり、社員を出張させている日本企業の方々から、「具体的にどのようなことに気をつければいいのか」と、相談を受けるケースがとても増えました。

相談の多くは、「具体的にどういうことをすれば反スパイ法違反になるのか、基準が曖昧なので、中国にいる駐在員たちに、どのように社員教育すればいいのかわからない」とか、「会社から反スパイ法に注意するように通達がきたが、帰国できなくなったときのことを考えると不安だ」という社員からのものです。

中国当局の動きが不透明な分、情勢は刻一刻と変わっていきます。このようなときに相談できる機関が日本に少ないのも問題だと感じています。

●香港の「国家安全条例」は中国の反スパイ法と同じ？

また、2024年3月には、香港でスパイ行為など国家の安全を脅かす行為を取り締まる「国家安全条例」が施行されました。

香港は「一国二制度」のもと、中国本土とは異なり市民の自由な発言も許されていましたが、2020年に「香港国家安全維持法」ができてから、自由な発言、政治運動などは規制され、中国本土と同じ方向に進んでいるのは確かです。

香港の「国家安全条例」によって、どのような影響が出てくるのかわかりませんが、海外に住んでいる周庭（アグネス・チョウ）さん（現在はカナダに亡命申請中）に対して、過去の反政府活動を理由に、逮捕状を出しています。

さらに、2023年以降、日本在住の中国人が一時帰国後に消息不明になっているケースが相次いでいます。例えば、2023年、神戸学院大学の中国人研究者、胡士雲教授が中国に一時帰国した後で消息不明となって、家族とも連絡が取れなくなっています。大学側は在大阪中国総領事館に安否を問い合わせていますが、回答がないということです。また亜細亜大学の范雲濤教授も、2023年に中国へ一時帰国した後に消息不明になっています。詳細は依然不明のままですが、中国当局に身柄を拘束されている可能性があると言われています。

このように、スパイ容疑がかけられると日本に暮らす中国人に対しても、機会をとらえ身柄拘束するケースは、今後も増えていくとみられます。

こちらに対するリスク対策も急務となっています。これらのチャイナ・リスクに関して不安のある企業やビジネスマンは、ぜひ私のような国際情勢にも強いセキュリティコンサルタントに事前に相談してほしいと思います。より具体的な最新情報や対策をお伝えできると思います。

ポイント

中国の改正反スパイ法によって、逮捕・拘束される日本人のリスクは高まっている。具体的な対策を講じるのが急務だ。

SNSによるスパイ活動や、なりすまし企業、詐欺集団から身を守るには

現在、もっとも気をつけなければならないのが、SNSを使ったスパイ活動に関わるリクルートです。

とくにスパイが活用しているのが、「リンクトイン（LinkedIn）」というアメリカ発のビジネス特化型SNSです。このSNSの特徴は、××大学院で××を専攻とか、××会社（有名な企業）でエンジニアをやっているなど、自分の経歴や実績をプロフィール登録・公開して、積極的に人脈づくりに活用する点です。

SNSでその人のプロフィールを見た企業からスカウトの連絡が入ったり、新商品の開発に関してコラボの要請がきたりするメリットもあるので、欧米ではビジネスマンがよく活用していますが、その裏ではSNSを通したスパイ活動やリクルートに活用されていることも確認されています。

今のところ、「リンクトイン」の日本のユーザー数は300万人といわれますが、IT系のエンジニアなどは、積極的に海外の企業とコンタクトをとりたいと思う人が多いため、

これを活用するならスパイに目をつけられる危険性もあることを知っておいてください。

また、それ以外にもスパイからの接触で気をつけなければならないことがあります。例えば、中国の企業が日本人のブローカーを間に入れて、不動産取引をしたり、元中国人で帰化した人が経営している会社などを窓口にして、警戒心を解いて取引の話を持ち込んでくるケースです。

このすべてがスパイではないですが、取引する相手が中国企業ということを隠して、土地や不動産の売買をしたり、企業間の取引をしたりするケースもあり、あとから問題になることが多いようです。利用していない森林や農地を買い上げてソーラーパネルを設置したり、つぶれたホテルを買い取って外国人向けのリゾート施設を造るなど、地方の個人地主へアプローチすることも多いので、知っておいてください。

また、人材の引き抜きなどでも、相手に警戒されないように中国系企業であることはあえて伏せて活動していることもあるようです。

さらに、外国人などがかかわる詐欺師集団にも気をつけなければなりません。2017年6月に、積水ハウスが地面師グループに土地の購入代金として55億5000万円を騙し取られた事件がありました。地面師とは不動産取引に関わる詐欺師のことです。

この事件は、土地の持ち主である旅館経営者になりすまして、詐欺グループが積水ハウスに売却を持ちかけたのですが、本来は、本人確認は当然ですが、不動産会社が地面師対策として通常行う「知人による確認」をしていませんでした。「知人による確認」は、取引相手（所有者）の写真を近隣住民や知人に見せる本人確認手法の一種です。本当の所有者はその旅館で生まれ育っているため、近隣で知らない人はいないほどだったのに、これを怠ったために地面師に騙されたとされています。

ここで紹介したような、先方からリクルートや仕事の契約、土地や不動産の売買などの話をもってきたときには、とくに大事な契約や交渉の際には、私たちのようなセキュリティコンサルタントを同行させることをおすすめします。

契約書の締結の席に弁護士を同席させる人は多いですが、弁護士は法律の専門家であって、詐欺師やスパイを見抜く専門家ではありません。積水ハウスが地面師に騙された事件も、詐欺師は偽のパスポートを身分証として提示しましたが、誰も見抜けませんでした。

例えば、私のような外事警察出身で、大使館で領事をやった人間が見れば、偽のパスポートなどは一発で見抜くことができます。

詐欺師やスパイに接近されても、大事な場面で見抜ければ被害に遭うことはありません。

現代は、どのような場面でも、一般の人でも、詐欺事件やスパイからターゲットにされることがあります。不安に思った時点で、セキュリティのプロに相談してほしいと思います。

ポイント
まさか！　と思うところにスパイや詐欺師は潜んでいる。大きな取引や契約時には、セキュリティコンサルタントを同席させるのも方法。

まさか自分に？　ハニートラップが忍び寄る

新型コロナ禍が収束して、人々が活気を取り戻した現在、増えてきているのがハニートラップです。

中国でカラオケバーみたいなところで遊んでいるところに、「女性従業員によるオプションのサービスがあります」と誘われて、店の別室に行って特別なサービスを受けているところを動画に撮られたり、録音されたりして後日、中国の組織からゆすられるケースがありました。

また、女性スタッフと別室で事に及んだタイミングで、警察の取り締まりが入り、お店の人たちと一緒に警察署に連れていかれる。でも、なぜかお店の人たちは簡単な聴取で終わり、日本人だけが警察署に拘束されて、持っているパソコンや手帳、財布の中身まで全部チェックされ、後日、別件で再逮捕されたケースもあります。

どちらのケースも、「異性といかがわしい行為をしていた証拠を会社や家族にばらされたくなかったら、会社の機密情報をもってこい」という要求をしてきました。

ハニートラップに引っかかった日本人は、困り果てた挙句、相手の言いなりになったり、会社に報告しても、会社も自分たちの信用にもかかわることなので、密かに自分たちで対処し、大使館にも報告しないですませる。このように、ハニートラップの被害は表に出てこないケースがほとんどです。

また最近では、ＳＮＳのマッチングアプリを使ったハニートラップがあります。特に独身の男性駐在員が、海外のマッチングアプリで出会った女性と行った店でぼったくりにあったり、カラオケバーに一緒に行ったところ、そこで眠り薬を飲まされて、目覚めたら財布の中のお金がすべてなくなっていた。こんな事例も、コロナ前と同じくらいに増えています。

２００４年に、中国の上海総領事館の日本領事が自殺した事件が起きました。これは中国当局の脅迫が背後にあったと指摘されています。

彼には家庭があったのですが、中国に単身赴任をしていました。そこで先ほど伝えたようなハニートラップに引っかかってしまったのです。彼は電信官といって、暗号電報を解読したり作成する担当だったので、一番、外交機密に触れられる人でした。それがずっと脅されて機密情報を中国側に流し続けることになり、やめたいのにやめられない苦悩の中で最後には自殺してしまったと考えられています。

では、中国などの外国でハニートラップにあってしまったら、どのように対処したらいいのでしょうか。

まずは、一刻も早く帰国することです。また部下が巻き込まれた場合も、その人を帰国させてから現地で何があったか事情聴取して、企業として狙われたのか、個人的にそそっかしくてハニートラップに引っかかったのかを明白にするのも、その後の対策につながっていきます。

●日本国内にもハニートラップ用のパブがある

日本国内のケースでは、京都の自衛隊駐屯地の近くにある中国人パブが、客として来ていた自衛隊幹部や地元企業の技術者にハニートラップを仕掛け、情報を盗むために運営されていたケースが確認されています。お店に名刺を置いていくと、中国人ホステスから個人的に「食事に行きませんか?」と誘いの連絡をして、ハニートラップを仕掛けていました。このようなハニートラップを仕掛ける目的で運営されているパブは、全国にあるとみられています。

国内でハニートラップに引っかかってしまった場合も、やはり海外のケース同様、気づいた時点で速やかに所属する組織や会社に報告をして、対応することです。

実はハニートラップがなくならないのは、個人の立場や組織の信用に傷がつくと考え、騙されたことを公にせず、水面下でもみ消してしまうからです。本来なら、どのようなケースでハニートラップが仕掛けられたのか、原因を究明して各企業に再発防止策をとらせるべきですが、その情報が表に出ないことで対応策を立てられず、似たようなケースが後を絶たないのです。

なによりも、どのようなシチュエーションで気をつけるべきなのか情報を共有することが大事です。そうすることで、ハニートラップの仕掛けは未然に防げるようになります。

ポイント
海外でハニートラップに遭ってしまったら、自分の立場うんぬんを考えるより、速やかに帰国し、状況を会社に知らせることが先決。

大学内にある孔子学院は中国のスパイ組織だった!?

２００４年に、中国語と中国文化を海外に紹介して普及する目的で韓国に初めてつくられたのが、孔子学院です。その後、中国政府が資金提供して欧米各国などにもつくられ、日本にも13の大学に設置されました。

今は多くが閉鎖されるようになっていますが、これがじつは中国のスパイ機関のような役割を担っていると言われています。

安全保障の観点から中国に厳しく当たっているアメリカにも孔子学院はありましたが、

数年前よりほとんどが廃止されています。スウェーデンやヨーロッパの国では、孔子学院とのかかわりを完全に禁止している国も出てきています。

一番の問題は、孔子学院と設置大学の契約が曖昧なことです。明確な契約関係がないので、学内でこういうことをしてはいけないとか、こういうことをしたら閉鎖するなどのルールがないのです。

日本の大学は、文部科学省から一部補助金を受けて運営されているにもかかわらず、孔子学院に関する審査はまったくないまま、設置されていたのも問題です。

その点について国会やマスコミが鋭く追及したらいいのに、全く追及されないままです。そこで中国の良いところだけを普及・啓蒙していること自体、危険だと言わざるを得ません。

では孔子学院ではどのようなスパイ活動をしていたかというと、積極的に日本の情報を盗むスパイ活動もあれば、中国の素晴らしさを宣伝してくれるような親中国の人を育成する目的もあります。

実際に孔子学院にかかわった人たちの話を聞くと、中国語と中国の文化、歴史の勉強をしながら、尖閣諸島の領有権や、台湾問題における中国の主張（中国の領土だということ）をソフトに説くそうです。

受験勉強だけをしてまだ世の中が見えない学生の中には、しだいに「中国の話にも耳を傾けなきゃいけない」という考えになる人もいるそうです。

海外にある孔子学院に留学先で関わってきた人たちのなかにも、中国の親中国工作に感化されて完全に中国政府寄りの考えになって帰国した、というケースもあります。

その人たちがそのまま日本の企業や報道機関に就職すると、中国寄りの認識をもったまま二ュースを流したり、中国企業と不正にコンタクトをとることになります。まさしくそれが孔子学院の目的なのです。

今ではヨーロッパ、北欧では、孔子学院の教えに完全に誘導されて、中国共産党の意のままに動く人が増えて危険だということで、孔子学院を閉鎖し始めています。

日本もかつて13の大学に孔子学院が設置され、積極的に中国の学生と交流したり、交換留学や視察旅行で中国に行く学生も多くいたのです。

若い真面目な人たちを上手に取り込んで中国寄りの思想に共感するよう工作する組織は、今後も手を替え品を替え、現れる可能性があります。

ポイント

孔子学院では、集まった学生たちに中国政府の考えをソフトに洗脳した。中国を好意的に見る人材を育てるのもスパイ活動のひとつ。

こうやって、中国スパイは情報を抜き取る

孔子学院では中国政府の立場をソフトに洗脳していましたが、中国はさらにややこしいことをしてきます。

それは例えば、「自分は1989年の天安門事件で中国が嫌になって出国した。だから今、カナダで暮らしているんだ」と、中国政府を批判しているような中国人が、じつは中国共産党とつながっていて、反中国思想をもった人間の情報を集めている、ということがあるのです。

表向きは人権活動家や反中国活動の従事者や支援者だと名乗って、「一緒に反中国キャ

ンペーンをやりましょう」などと呼びかけて、じつは中国に反旗を翻す中国人や外国人の個人情報を本国に送っているのです。

まさしく「おとり捜査」のようなことを中国が行っていることを、アメリカのＦＢＩが摘発した事例が実際にあります。

ですから、中国のことを悪く言ってるからといって、その人（中国人）と一緒になって、中国の悪口を言ってはいけません。同志だと思っているのは自分だけで、自分の個人情報が中国に筒抜けになっている可能性もあることを知っておきましょう。

そもそも、その人がどのような経緯で中国に寝返ったのかも不明です。もともと反中国の考えをもっていた人が中国政府に脅されたのか、あるいはお金で中国に寝返ったのか、そこはわかりません。

一度、中国政府に反対する活動をしている日本人としてブラックリストに載ってしまうと、仮に自分が中国に出張や旅行に行ったとき、現地で拘束される危険も考えられます。

中国の悪口を吹聴したり、かまをかけて悪口を言わせようとする人がいたら注意しましょう。

ポイント

中国の悪口を言って、それに同調する人間の個人情報を収集しているスパイもいる。他国の悪口を言うのは、くれぐれも注意。

あなたの身辺で行われている、スパイの情報交換法
――フラッシュ・コンタクトやデッド・ドロップとは？

私の経験からいって、世の中にスパイが多く暗躍しているのは事実です。

そして、スパイの世界もサイバー空間で情報を盗む、サイバー攻撃が主流になっています。しかし、昔のように人と人とがいろんな形で接触して情報を盗んだり、スパイ同士がリアルな場面で情報交換をしなくなったのかと言うと、そうではありません。

むしろアナログ的な手法で、直接会って封筒を渡すとか、フラッシュ・コンタクトと言って、すれ違いざまにＳＤカードなどを手渡したり、特定の場所にメッセージを埋めて、

後から拾いに行くデッド・ドロップのほうが、インターネット経由で傍受・盗聴されたりするおそれがありません。

私の知るところでは、フラッシュ・コンタクトは人がたくさん集まる複合施設や観光地、量販店などでスパイ同士が情報交換していることが多く、デッド・ドロップは神社仏閣などの敷地が選ばれるようです。

重要なデータや情報ほど、アナログな手法でやり取りするほうが、情報漏れしにくいというのが、スパイの間では常識になっているのです。

そういう意味では、メールやＳＮＳでのやり取りが情報漏洩するのは当然で、アナログな手紙のほうが安全だとスパイたちは考えているといえます。

確かに第二次世界大戦の頃のスパイは、ターゲット宛ての封書のノリを上手にはがして、中身を見てから元に戻す技術をもっていました。なぜならその時代にはインターネットなどなかったからです。

現代では毎日、重要な情報を手紙でやりとりすることはありません。だからこそ、じつは手紙は盲点なのです。しかも暗号や符牒で書けば内容はわかりません。

むしろ重要な情報は手紙でやり取りされているのではないか、といわれるくらいです。

また、重要情報のやりとりと、スパイの盗聴に関してはこんな話もあります。

エドワード・スノーデン氏というCIAを裏切ってロシアに亡命したスパイがいました。スノーデン氏は2013年、自身が勤務していたアメリカのNSA（国家安全保障局）による国際的監視網の存在（外国首脳に対する通信傍受の事実など）を暴露しました。このため、米政府からスパイ活動取締法違反などの容疑で訴追され、ロシアに亡命後、2020年にはロシアの永住権を取得しています。

このスノーデン氏は一時期、横田基地にも勤務したことがありますが、彼はパソコンを使ってやり取りするときは外部のインターネット回線には絶対つながなかったそうです。

普段、電子レンジの中にパソコンを入れておき、外部からのサイバー攻撃を徹底して阻止していたといいます。そのぐらいやらないと、パソコンでの通信のやり取りは簡単に傍受されてしまうことを熟知していたのです。とくにアメリカや中国、ロシア国内では、通信は全部、見られているという意識でいないと、スパイはつとまらないということでしょう。

ポイント

サイバーインテリジェンス（サイバー空間での諜報活動）が進み、いまやスパイ同士の情報交換はアナログのほうが安全と見られている。

CIAとモサドの情報工作員は、日本のやくざにもコンタクトする

世界にはアメリカのCIA、イギリスのMI6、ロシアのSVR、イスラエルのモサドなどの情報機関があります。これらのスパイ組織は、自分たちがほしい情報に対しては貪欲に、かつ危険をおかしても任務を遂行しています。ここでは、これらの諜報組織がどのように自分たちが欲しい情報を追いかけていくのかお伝えし、私たちの周りのスパイについて少し知っていただけたらと思います。

まずアメリカでは、主に米国内の法執行機関であるFBI（連邦捜査局）に対して、CIAは世界各国に工作員を送り込み、主にアメリカの国防、国益に関する情報を収集したり、工作に従事しています。

またモサドというのは、イスラエル諜報特務庁のことで、イスラエルがおもにアラブ国家などの敵対国に対して、情報収集や秘密工作およびテロリズム活動を行い、世界のいた

るところに拠点をつくり活動しています。

ＣＩＡもモサドも、ミッション（任務）の過程で暗殺もする組織なので、自分たちが追っている対象の情報を、例えば日本のやくざや右翼団体が持っているとわかれば、躊躇なく接近を試みます。

普段は、日本のやくざと協調関係や連絡体制を作っているわけではありませんが、必要とあれば悪魔とも交渉をする組織です。

今のところ、日本でやくざ組織と連絡を取ったという話は私は聞いていませんが、今後もないとは言い切れません。かつては北朝鮮の麻薬組織と、日本のやくざがからんでいた時期もあったことから、日本の公安警察も情報があれば追いかけていきます。

海外の例でいえば、ＣＩＡがニューヨークの９・11テロの主役とみられるアルカイダのトップだったオサマ・ビンラディンを暗殺しましたが、ビンラディンがどこに潜伏していたのかなどの情報は、まともなルートでは明らかにできるわけがありません。そういう意味ではＣＩＡもモサドも、必要があればどんな組織にもコミットしてくるでしょう。

ちなみにイギリスの対外情報機関であるＭＩ６の職員は３６００人ほどで、２万人以上いるＣＩＡと比べると規模は小さいといえます。日本に関しての関心度はあまり高くないようですが、古くから日本に滞在しているイギリス人の大学教授やイギリス企業の日本支社からの人脈で協力者を広げている印象があります。

ポイント
日本の公安は海外の諜報組織と、日本のやくざの水面下のコンタクトにも監視の目を光らせている。

LINEでのやりとりは情報が流出している!?

日本人がプライベートでも仕事でも連絡ツールとして活用している「LINE」ですが、2023年9月から10月にかけてサーバーがサイバー攻撃を受け、**LINE利用者や取引先の情報など約51万9000件を外部に漏洩させました。**総務省の調べによると、このうち2万件以上が電気通信事業法上の「通信の秘密」の漏洩に当たるとして行政指導を行いました。「通信の秘密」とは、通話やLINEの内容など、「通信に関する個人や企業間でのやりとり」が秘密事項として守られていることを指します。電気通信事業者が「通信の秘密」を漏洩させた際には、電気通信事業法の定めによって、詳細を報告することが義務付けられています。

さらに2024年2月にも、LINEの従業員情報約5万7000件が流出した可能性があると公表しました。

このLINEを運営しているLINEヤフーは、2023年10月にLINEにソフトバンクのZホールディングス、ヤフーが加わり新会社となりました。ただ、LINEヤフーは韓国のIT大手「ネイバー」が50%を出資しています。システムのほとんどはネイバーがコントロールしており、今回、個人情報が流出する事態になったのも、韓国のネイバーの業務委託先のパソコンがサイバー攻撃を受けたことにより、LINEヤフーのサーバーも不正アクセスを受けたとみられています。

個人情報や口座情報の流出はなかったとされますが、やはり韓国企業ネイバーとのシステムの切り離しや、グループ全体のセキュリティガバナンス体制の強化をしない限り、同じような情報流出は起きる可能性があると言わざるを得ません。

LINEは、2021年3月に日本人利用者の個人情報が中国から閲覧可能だったことが発覚し、大問題となりました。行政指導も受けています。ほかにも何度か情報が流出していることから、**日本の警察や省庁関係者は、仕事上のやり取りで絶対に使わないように指示が徹底されています。**

ですから、一般の企業人もこれを使う場合は、家族間の連絡や、知人との待ち合わせなどの簡単なやり取りのみにして、重要な連絡には使用しないほうが賢明でしょう。

これと同じことが中国製の監視カメラなどにも言えます。以前は、費用が安くすむからと日本の省庁や法執行機関なども中国製監視カメラを使っていた時期があったようですが、リモート操作ができるような監視カメラは外部からのサイバー攻撃を防ぐ機能がなかったり、監視データを保存するサーバーにほかから簡単にアクセスできる危険性があると言われています。

アメリカでは、２０２４年2月に米国人の特定の個人情報を大量に販売・移転するのを禁止する大統領令が出されました。禁止の対象は、中国などの安全保障上の懸念がある国々になります。日本には、まだそのような法律はありません。

日本では1億人以上の人が使用しているＬＩＮＥを、今からすべて禁止することは難しいでしょう。ですから、利用するなら仕事でのやり取りには使わず、プライベートでの連絡ツールとしてのみ使えばいい、と考えます。

中国製の監視カメラや通信設備も、国の主要な施設には使わないと決めればいいのです。情報流出が気にならないようなところ、個人宅やマンションの外の入り口の監視用に使うのはいいかもしれません。その場合でも、情報が盗まれる可能性があることを知っておきましょう。

ＬＩＮＥも中国製監視カメラも、使い方を工夫すること、または使わないようにする（信頼できるものだけを使う）こと。その選択は個人でも十分できるわけです。そこから自衛はできるのです。

ポイント

情報流出の危険性があるＬＩＮＥは、仕事の重要情報のやりとりでは使わないほうが無難。

「セキュリティ・クリアランス法」はスパイ活動防止の第一歩

2024年4月、経済安全保障上の重要な情報にアクセスできる人を、国が信頼性を確認した人に限定する「セキュリティ・クリアランス」制度の創設に向けた法案が、衆議院で可決されました。セキュリティ・クリアランス制度は、漏洩すると日本の安全保障に支障を来すおそれがあるものを「重要経済安保情報」に指定し、これらの情報へのアクセスを民間企業の従業員も含め、国が信頼性を確認した人に限定するものです。

世界各国（同盟国）では、すでに経済安全保障上の重要情報にアクセスするには、セキュリティ・クリアランスを満たす必要があるとしていました。このため、これまで日本は各国の重要な機密性の高い情報の提供が受けられず、海外との情報交換や情報共有、共同研究などが難しかったのです。しかし、この「セキュリティ・クリアランス」制度を導入することによって、ようやく経済安全保障に関しても、同盟国と一緒に取り組んでいくことができるようになります。

信頼性の確認にあたっては本人の同意を前提に、「家族や同居人の氏名や国籍など、犯罪歴、薬物や飲酒に関する情報、経済的な状況など」に関して調査をします。

また重要情報を漏洩した場合は、5年以下の拘禁刑や500万円以下の罰金が科されるほか、勤務先となる企業にも罰金を科すことができます。

これにより、最重要情報に「スパイではない人物だけ」がアクセスできるようになります。日本にはあらゆるスパイ行為を取り締まることができる「スパイ活動防止法」がないので、完全な防御ではないものの、「セキュリティ・クリアランス法」が施行されることは、スパイから重要な情報を守る第一歩になるでしょう。

対象になるのは、行政機関の職員のほか、国から重要情報の提供を受ける民間企業の従業員も含まれ、一度、セキュリティ・クリアランスが認められると、重要情報にアクセスできる期間は10年としています。

これまでも、日本はクリアランスがないために国際会議に出席できないケースがありました。これでは国益にもかかわってきます。今回の制度で、国際的な重要情報や技術開発にかかわる民間の研究者なども、セキュリティ・クリアランスを得ることで、日本にとって有益な事業を進められることは間違いないでしょう。

「セキュリティ・クリアランス」制度によって、日本がほかの先進国から情報面の扱いで信頼を得て、国際舞台でやっと対等になれると思っています。

これらの動きは今後、必ずや日本の「スパイ活動防止法」を実現するための第一歩となると言えるでしょう。

ポイント

「セキュリティ・クリアランス」制度ができることで、日本もようやく海外からの機密性の高い情報を入手、管理できる。海外でのビジネスチャンスにもつながる。

セキュリティ 5

海外だからこそ油断大敵！
警戒レベルを引き上げろ！

海外旅行を最悪の思い出にしないために、知っておきたい防犯対策

コロナ禍で大打撃を受けた海外旅行市場も、徐々にコロナ以前の活気を取り戻しています。国連世界観光機関（ＵＮＷＴＯ）は、２０２３年第３四半期の世界の海外旅行者数が前年同期比22％増となり、パンデミック前の91％の水準まで回復したと発表しています。２０２３年１月〜９月の実績で見ても９億７５００万人でパンデミック前の87％の水準まで回復しました。

さらに、２０２３年12月の日本人の出国者数は94万７９０５人。回復途中ではありますが、日本人が以前のように国外に出かけていることがわかります（法務省出入国在留管理庁の速報値より）。

また、２０２３年12月に日本人が多く出かけた国は、韓国、アメリカ、タイのほか、次の国々が人気でした（ＪＴＢ総合研究所による）。

・**韓国**　ソウルのショッピングや食べ物、仁川の観光地が人気
・**アメリカ**　ニューヨークやロサンゼルスのハリウッドが魅力
・**ハワイ**　美しいビーチやリゾート、ショッピングなどが魅力

外務省 海外安全ホームページ
https://www.anzen.mofa.go.jp/

外務省の海外安全ホームページ

→国・地域別情報

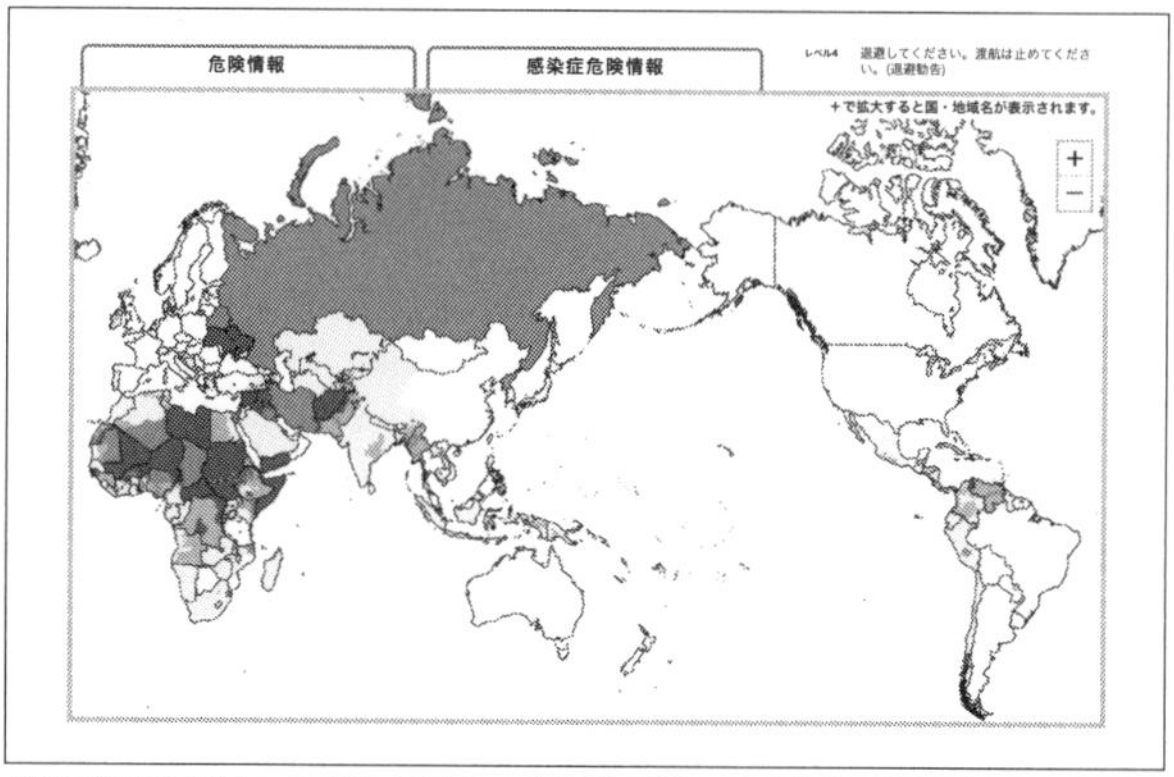

地図で各国の危険レベルがわかるほか、各地域の詳しい安全情報が随時更新されている。

・**タイ**　バンコクの寺院やナイトマーケット、プーケットの美しいビーチが人気
・**台湾**　台北の夜市や九份の風景、温泉などが魅力
・**イタリア**　ローマの古代遺跡やヴェネツィア、フィレンツェの美術館が魅力
・**フランス**　パリのエッフェル塔やルーブル美術館、プロヴァンスの風景が人気
・**オーストラリア**　シドニーやグレートバリアリーフ、メルボルンのカフェが人気
・**バリ島**　美しいビーチやリゾート、寺院などが魅力
・**ベトナム**　ハノイの古い街並みやホイアンの風景、ホーチミンの観光地が人気

本来なら楽しいはずの海外旅行ですが、現地での犯罪やトラブルに巻き込まれると一転して最悪の体験に変わってしまいます。どこの国に渡航するにしても、セキュリティ対策は必要です。私が口を酸っぱくして言い続けているのは、「過信するな、情報収集を徹底せよ」ということです。

旅行にしろ、出張にしろ、海外に行くときは、事前にその国の治安状況を調べることが自己防衛の基本中の基本となります。

そこで役立つのが外務省の海外安全ホームページです。ここでは、外務省が各国の危険情報や渡航情報などをタイムリーに伝えています。

アメリカを例にとると、ニューメキシコ州は治安が悪い地域ですが、マサチューセッツ州はアメリカの中では治安が良いというように、細かな情報をそこで確認することができます。

また、各国にある日本大使館や総領事館で出している情報も確認しましょう。「A国は週末にデモがあります」「B国では、最近、こういう日本人のトラブルや被害がありました」「C国のこの地区は最近、治安が悪化しているので気をつけましょう」といった情報を得ることができます。

●地域のリアルタイム情報を得られる「たびレジ」

さらに、3か月以内の短期間の滞在であれば「たびレジ」に登録するのもおすすめです。この「たびレジ」は、外務省が行っているサービスで、調べたい国や地域、期間を指定すると、その地域のリアルタイムに近い情報を得ることができます（指定した7日間だけ）。

この「たびレジ」を利用するには、スマホのアプリをダウンロードして、自分のメールアドレスまたはLINEアカウント登録しておくだけです。詳しくは外務省の「たびレジ」のホームページを確認してください。

例えば1週間ほどハワイに渡航するならば、「たびレジ」に登録しておくと、2023

外務省からの最新情報を受け取れる「たびレジ」

外務省の「たびレジ」HP
https://www.ezairyu.mofa.go.jp/tabireg/index.html

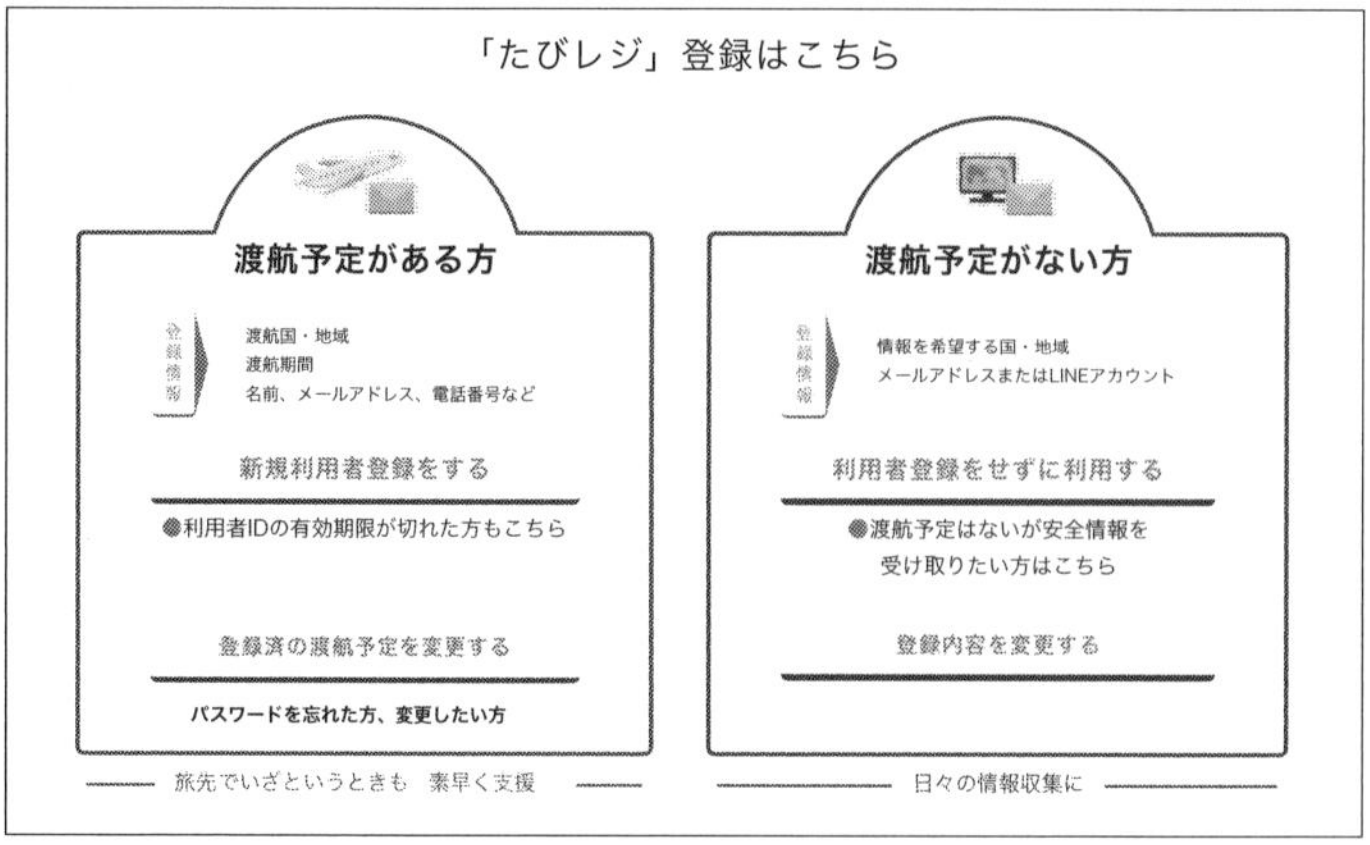

●「たびレジ」から届くメールの例

差出人：在デトロイト日本国総領事館
件名：【緊急】○○○○大学内における銃撃事件の発生

○詳細は不明なるも、×日午前9時過ぎ、○○○○大学内で銃撃が発生した模様です。
○最新情報の入手に努め、付近には近づかないように注意して下さい。
○本件に関して、邦人が被害に遭ったとの情報がある場合は、在デトロイト総領事館までご連絡下さい。
(問い合わせ窓口)
在デトロイト日本国総領事館
電話：△△△－△△△△

年8月にマウイ島で山火事が広がったとき、「無事ですか？　今、どこですか？」「〇〇の地区に行ってはいけません！」など、登録をしている人宛てに安否確認や危険情報が送られてきます。

「たびレジ」は、どこの国・どの地域に行くとしても、事前に準備をしておくといいでしょう。

ここまでは、海外に行く人に最低限やってほしいことです。ずっとセキュリティコンサルタントとしてセミナーや指導をしてきて思うことは、「情報収集に勝る自衛なし」です。海外渡航に関するセキュリティセミナーなどもありますから、ぜひ活用して自己防衛力を強化してください。

ポイント

短期の海外旅行でも、外務省の「たびレジ」に登録しておくと、現地の危険情報をタイムリーに知ることができる。

日本人が海外でもっとも遭遇しやすい犯罪は「窃盗」

我々セキュリティコンサルタントがつねづね思っていることは、広義の安全の手引はあっても、身近な安全の手引がない、ということです。

前で紹介した「たびレジ」でも、貴重品の預け方やパスポートの携行の仕方、歓楽街に行くときの注意事項などを知ることができます。ただ、より詳しい、海外のこの地域ではどういう服装が適しているのか、ポシェットなどどんな形状やサイズのものにするのがベストか、などにまで触れられていなかったりします。

大切なことなので、本書ではそのあたりの詳細までお伝えしたいと思います。

海外で日本人が被害に遭う犯罪は、圧倒的な1位が「窃盗」です。毎年、日本人が海外で遭った事件・事故などの件数や特徴、推移をまとめた「海外邦人援護統計」を外務省が発表しています。それによると、海外での日本人の犯罪被害のうち、約80％が窃盗・詐欺などの被害です。この窃盗・詐欺などの被害というのは、ひったくり・置き引き・スリの類が該当します。それ以外の誘拐や性犯罪、殺人などの凶悪犯罪に巻き込まれるのは、20

%ということになります。

つまり、窃盗・詐欺などに気をつけてさえいれば、海外で起こる犯罪の大半は回避できるということになります。海外旅行を楽しく有意義な時間にするためにも、事前に、窃盗に関する対策を知っておきましょう。

多くの海外渡航者はこの事実を知らないか軽くみて、何も対策を練らない結果、海外で犯罪やトラブルに巻き込まれて酷い目にあった、というケースが今でも後を絶たないのです。

そうならないためにも、まずは財布やパスポートなどの貴重品の扱いに気をつけましょう。カバンの選び方も大切です。

●セキュリティポーチ

私は海外渡航者には、貴重品を持ち歩くのにセキュリティポーチをすすめています。これは首からかけて洋服の内側に入れておけるので、現金やパスポートも安心して持ち歩くことができます。

ただ、現金を支払ったりするときには、ポーチを表に出さなくてはいけないので少し面倒ですが、その分、防犯性があります。

●斜めがけバッグ

ひったくり防止には、ハンドバッグより体に巻くタイプの斜めがけバッグのほうが防犯性が高いといえます。セキュリティポーチより荷物が入るタイプが多いので使い勝手もいいでしょう。ただし、歩いているうちにカバンの部分が背中側に回ってしまうと、スリに遭いやすくなるので注意が必要です。

なお、海外では車やバイクに乗ってバッグをひったくるケースが多いので、バッグは車道とは反対側に持つようにしてください。

●ウエストポーチ

海外旅行では移動に適した腰に巻くタイプのウエストポーチを使用する人が多いようです。財布などの出し入れがしやすいのですが、外から見ても貴重品が入っているとわかってしまいます。治安の悪い国では強盗に狙われやすくなるので、おすすめしません。

ここからは、さらにセキュリティを高めていく方法をお伝えします。すでに知っていることもあるかと思いますが、この基本的なことがおろそかになっている人がいるのです。海外旅行に慣れている人ほど脇が甘くなりがちです。再確認してください。

●カバンに鍵をつける

スーツケースはもちろん、手荷物にも鍵をかけておくこと。空港などでスリに狙われにくくなります。さらにスーツケースには鍵付きのバンドをつけるのも有効です。絶対に狙われないわけではありませんが、窃盗犯は盗むのに時間がかかることを嫌います。スーツケースを開けるのに手間取るようにしておくことで、諦めさせるわけです。

●パスポートのコピーを持ち歩く

意外と多くの人がやっていないのが、パスポートのコピーを準備しておくことです。コピーでもパスポートが盗まれたり、紛失したときの身分証明になります。また、大使館などでの再発行のときにも役立ちます。

海外ではパスポートを持ち歩く必要があります。あらかじめコピーを取っておき、外に持ち歩くのはコピーにして、パスポートはホテルのセキュリティボックスに預けておけば安全です。ただし、国によってはパスポートの原本を所持していないと、逮捕となることもあるので、その国の日本大使館や総領事館の情報を事前に確認しておきましょう。外国人ＩＤを配布する国では、コピーでも大丈夫です。

●現金は分散して持ち歩く

最近では海外でカード決済や電子マネーが使える店が多くなっているので、現金を持ち歩くことは少なくなりつつあります。でも、スマホにクレジットカードや電子マネーをすべて紐づけておくと、もしスマホを盗まれてしまったら海外で一文無しになってしまいます。

クレジットカードは、2枚あればそれも分けて持ちましょう。万が一強盗に遭った時に1枚でも残っていれば、ホテルまで戻ることもできます。

また、紙幣などの現金をすべて財布に入れて持ち歩くのも危険です。強盗や盗難に遭ってしまったら、すべてのお金が手元になくなってしまいます。

やはり海外では、現金は数か所に分けて持ち歩きましょう。メインの財布とスマホは別にします。おすすめは首にかけるタイプのスマホケースです。首からかけるものがバッグとスマホで二重になってしまいますが、洋服のポケットにスマホを入れておくより、スリに遭ったり落としたりする危険が少なくなります。

●ポケットはたくさんある服を選ぶ

なるべくポケットがある服装を心がけましょう。女性にとってはポケットがある洋服というのは難しいかもしれませんが、体に密着できるタイプのバッグを活用し、携行品は常に体に密着させること、現金やカード、貴重品は分散して持つように心がけましょう。

●フロントも100％信頼できない場合も

治安が悪い国やグレードが低いホテルに宿泊する場合、ホテルのフロントスタッフも信頼できるとは限りません。貴重品はセーフティボックスを利用するほうが安全でしょう。

その国の日本大使館や総領事館から、セーフティボックスも安心できないという情報があった場合は、貴重品をキャリーバッグに入れて施錠し、ホテルの部屋の備品（ベッドやテーブルの脚など）に自転車の盗難防止用のワイヤーリングなどでくくりつけてください。私は治安の悪い海外に行く際には、このように防犯対策をしていました。

世界平和指数（治安・安全性）ランキングで、日本は163か国中9位にランクインしています。1位はアイスランド、2位デンマーク、3位アイルランド、4位ニュージーランド、5位オーストリア、6位シンガポール、7位ポルトガル、8位スロベニア、9位日本、10位スイス……となっています。

ちなみに、日本人がよく行くオーストラリアは22位、イタリアは34位、韓国は43位で、アメリカ合衆国はなんと１３１位です。あなたのイメージと同じですか？

これだけ安心・安全の日本に長く住んでいると、ほかの国に行っても治安が良くて当たり前と勘違いしがちですが、海外ではその感覚は通用しません。今、海外からの旅行者が増えていますが、彼らを見ると、日本の空港内やコンビニの前でも、スーツケースが盗まれないように何人かが見張り番をして他の人が買い物をしています。海外で暮らす人たちは、それが常識なのです。私たちも、海外に行ったら危険と隣り合わせであることを、肝に銘じてください。

ポイント

海外旅行に慣れてしまうと、安全対策を忘れがち。もう一度、基本に戻って貴重品やパスポートの管理方法を復習しておきましょう。

空港にはスリ集団が集まっている。目的地に到着しても気を抜かない

空港は置き引きが多い……というのは周知のことですが、いまだに置き引きに遭う日本人は後を絶ちません。空港に到着したら、荷物は必ず体に密着させたまま移動するようにしましょう。

チェックインカウンターで手続きしているときでも、手荷物は床に置かずに必ず体に荷物を密着させたまま手続きをするようにしてください。

海外でよくあるのが、荷物を自分の足元の床に置いた瞬間を見逃さず、スリ集団はあなたが手配したドライバーを装って、そのまま荷物を持ち去っていく。そんな置き引きが増えています。もしタクシーを呼んだのなら、必ず迎えに来る人の名前を聞いておいてください。とても重要です。

そのほか、街中でスマホを見ている隙に、置き引きやひったくりに遭うケースも非常に多いです。日本国内にいるように目的地までの道順をグーグルマップで調べていたり、海外の景色を夢中になって撮影しているなど、そんな無防備な瞬間を、窃盗犯は遠くから見ているのです。

また、キャリーバッグは移動の際にとても便利ですが、持ち手は握ったまま離さないようにしてください。両手を使わなければならない時などは、キャリーバッグの上に腰掛けるなどして自衛すると、スリ集団から狙われにくくなります。

ポイント
目的地に着いた安堵感から、海外の空港での置き引きはとても多い。
荷物はつねに自分の体から離さないこと。

海外あるある！　巧みな手口であなたの荷物は盗まれる

それでも盗難に遭うのは、海外ならではの盗難手口があるからでしょう。ここでは海外でよくある盗難のケースを具体的に紹介します。どんな事例があるのか知っておくと、いざというときに役立ちます。

ケース①スペインやイタリアのひったくり

キョロキョロして明らかに海外に不慣れな様子を見せたり、観光地の景色に夢中になって荷物に無防備になっていると、容易にひったくり犯の餌食になってしまいます。とくにスリ被害が多いのは、バルセロナ（スペイン）のカタルーニャ広場から港まで続くランブラス通り。ローマ（イタリア）ではポケットをハサミで切ったり、ジッパーを巧妙に開いてスマホや財布を抜き取る手口が横行しています。

街中でのひったくりに遭わないことが一番ですが、いざというときのために現金やクレジットカードなどの貴重品は分散して持ちましょう。

ケース②観光地のケチャップ・スリ

海外の観光地では、「ケチャップ・スリ」や「アイスクリーム・スリ」というのがポピュラーです。これは、狙った人の衣服にケチャップやアイスクリーム、ドリンクなどをわざとかけて、あなたがびっくりして、荷物から目を離して服の汚れを落としているうちに、荷物を奪って逃げる手口です。

外務省の「海外安全ホームページ」では、２０２４年２月に南米のチリにおいてケチャップ・スリが多発しているとの注意喚起が出ました。

実は、このケチャップ・スリのほとんどは、グループによる犯行です。服を汚して謝ったりしている隙に、別の仲間が荷物を奪うのです。このケースの対応法はただ一つ。汚された服はそのままにして、一刻も早く、その場から立ち去ることです。

衣服の汚れはホテルに戻るなど、安全が確保できる場所に移動してから落とすようにします。危険なのは、ケチャップなどをかけた犯人をつかまえたり、追いかけたり、汚されたその場で服の汚れを落とすことです。これではスリ犯に「どうぞ荷物を盗んでください」と言っているようなもの。汚れた服は洗えば元に戻りますが、盗まれた貴重品は二度と戻りません。

ケース③国によってはスマホは金貨と同じ

スマホは、訪れる国や地域によっては金貨に匹敵するほどの価値があるものです。その国で使えるかどうかは、関係ありません。そういう国で目に付くところでスマホを操作したり、無防備にリュックの外ポケットやズボンの尻ポケットに入れておくと、簡単にスリ集団の餌食となります。

例えば、アフリカではスマホ1台を売れば、それこそ家族が数か月暮らせるぐらいの収入になることもあります。もちろん、それはアフリカだけではありませんから、スマホは、なるべく人目につかないように扱うようにしましょう。

通話をするときは安全な場所で手短に、買い物でスマホを使って決済する場合は、周囲に見えないように素早く行うよう徹底してください。

実際に起こったスマホ盗難事例では、乗っているタクシーの窓から手を差し入れられてスマホをひったくられたケースや、スリ集団が観光地で取り囲むようにしてきて、リュックの背中を開けてスマホを盗んでいったというケースもあります。

盗まれたスマホはただちに海外や闇市場に売られます。実際、イタリアで盗まれたスマホをＧＰＳで追跡して調べたら、アジアの国に売られていたことがわかったケースもあります。


また、スマホが盗まれると一番困るのが、スマホに入れていた連絡先がすべてなくなってしまうことです。スマホと紐づけた電子マネーがなくなるのも困りますが、写真データなどを含めた個人情報のすべてがなくなってしまうのは致命的です。

そうならないように、海外にいる間は、日本で使っている連絡先などのデータが入ったスマホは使わないようにするのがベストです。渡航時には、海外用のスマホをレンタルして使うことをおすすめしています。

とくに中国に旅行や仕事で行く場合は、スマホの中に画像データやメモを残さないことです。いつ何時、スマホを押収されて中身をチェックされるかわからないからです。

さらに、**海外に行く際は、大使館、家族、同僚、勤め先、カード会社などの「緊急連絡先一覧」を作っておき、それをコピーし、分散して携行する**ことをすすめています。万が一、スマホを盗まれたり、どこかに落としてしまっても、連絡先もわからないという事態を防ぐことができます。

海外で犯罪や災害に巻き込まれても、命からがら逃げ込んだ先で日本大使館をはじめ、家族や勤め先などの連絡先を紙に書いて持っていれば、慌てずにコンタクトをとることができます。万が一のことも考えて、ぜひ準備しておきましょう。

ケース④白昼の大通りで腕時計やスマートウォッチを奪われる

これは私が実際に被害状況を聞いた事例ですが、アフリカのある国で、腕時計やスマートウォッチなどを身に着けて路上に立っていたら、ものの数分で盗まれてしまったそうです。このような国では、たとえ昼間の大通りを歩いていたとしても、窃盗や強盗被害に遭うケースが非常に多いのです。

犯人たちは路地に通じる街角に隠れており、その前を通った瞬間に路地に引き込まれ、身ぐるみ剝がされるケースもあります。

そもそも腕時計やスマートウォッチは外から見えるので、着けていること自体が危険なのですが、少なくとも高級腕時計を着けるのはやめてください。スマートウォッチの場合も、支払いの際はなるべく周囲に見えないように決済するなど、細心の注意を払いましょう。

このような強盗は、最近、フランスやイギリスなどのヨーロッパでも、現地住人に対して発生しています。旅行者であればなおさらですから、何百万円もするような高級腕時計やアップルウォッチなどは身に着けないほうが無難です。

ケース⑤ブランド品、宝飾品は常に狙われる

欧米の文化では、ランチタイムとディナータイムではドレスコードが異なることがあります。ドレスアップのために必要な宝飾品やブランド品、貴金属系アクセサリーも、海外では注意を払う必要があります。

例えば、アフリカなどで社会問題ともなっている「スマッシュ・アンド・グラブ」は、信号で停車した車の窓ガラスを破壊（スマッシュ）して、車内の物を奪う（グラブ）手口で、一人で運転する女性や交差点などで信号待ちの車、人目を遮る高架橋の下に停めてい

る車などをターゲットにしています。

助手席に無造作にスマホや、装飾品、バッグなどを置くのは大変危険です。窃盗被害に遭いたくなければ、高級な装飾品、ブランド品は人目につく所に置かない、これが鉄則です。

ポイント
スマホや高級な腕時計、貴金属は窃盗犯や強盗犯に狙われている。海外では身につけないほうが無難。

海外での華美な服装はＮＧ！

セキュリティコンサルタントとして服装に注文をつけるとするならば、「海外に行くなら、男女問わず、内ポケットのある洋服を選びましょう！」。前述のようにポケットが多い服は収納力もあり、貴重品を分散して持ち歩けるので便利です。具体的にはサファリベストやキャンプ用のベストがおすすめです。

とはいえ、海外でドレスアップするときは、ドレスを着たい人もいるでしょう。きらびやかな衣装などでセレブ気分でドレスアップしてカジノやディナー、コンサートに行きたいという方もいるでしょう。そういったディナーや催し物に行く時でも、街中で華美な格好をして歩いていると格好の餌食になるので、移動手段の安全確保が必須です。もちろん、移動中も警戒を怠ってはいけません。夜間にスラム街やダウンタウンを通るときが最も警戒する瞬間で、信号停車時にバッとドアを開けられて盗難にあう危険がありますす。それを回避するためにドアロックは必ずするようにしましょう。

パーティ会場には、ストラップの付いた小ぶりなスクラッチバッグに必要最低限の貴重品だけ入れて持っていくようにしてください。


実際、私自身も、公安部外事警察出身の外交官として南アフリカに駐在した時、ポケットがたくさんついているインナーベストを愛用していました（日本の警官のような制服はないので）。十数年前は今以上に治安が悪かったので、メッシュ素材でできたポケットがたくさんあるベストを洋服の下に着込んでいました。

このベストのポケットに、パスポートや身分証明証、少額の現地紙幣を入れていました。

万が一、強盗に拳銃を突き付けられた時に備えて、日本円で5000円から1万円ほどのお金を入れていたので、とても重宝しました。

セキュリティコンサルタントとして、ロサンゼルスにある日本総領事館で日本人を集めてセキュリティ研修会を行ったこともあります。ロサンゼルスというのは、場所柄、一見、裕福そうな人が街中に多く、現地では、それらのお金持ちを追いかけて、人目に付かない場所やその人の自宅付近で襲う「Follow home robbery（尾行強盗）」という強盗が急増していました。その犯罪が急激に多発していたので、そのリスク回避策を含めた研修会を開いたわけです。

その研修会では、自分が被害に遭わないために、

・派手な格好をしない
・高価な貴重品を身に着けない
・建物から出た際や移動中は、周囲を警戒する
・自宅や目的地付近では細心の注意を払い、不審な状況があればその場から離れて、安全な場所を目指す

と、アドバイスしました。

常識的なことのように聞こえますが、海外は日本とは違います。日本は海外と比べるととても安全なので、どうしても防犯意識が鈍りがちですが、海外に行ったら、「そこまで警戒するの？」と思うくらいでちょうどいいと思っています。

ポイント

店や空港などから出てきたところをつけられて強盗に遭う事件が多発！
海外で華美な服装で外を歩き回るのはＮＧ。

アメリカ、ヨーロッパで白昼強盗が急増している

前述したようにアフリカだけでなく、フランスやイギリスなどのヨーロッパでも白昼堂々と高級腕時計などを強奪する事件が増えています。先進国だから、有名な観光地だから、大都市だから、と安心はできません。

では、どのようにして白昼堂々とひったくりやスリをするのでしょうか？　これまでの

事例でいうと、

・貧しい親子を装って寄付をねだってくるようなドネーション詐欺

寄付に応じようと財布を取り出すために置いた荷物を、別の仲間が持ち去っていく置き引き

・道を尋ねるふりをして地図を広げ、一緒に見ているうちに荷物を持ち去られる

このパターンは意外と多いです。とくに海外を訪れた日本人が狙われやすいのは、「人がよさそうで、隙のある雰囲気」を醸し出しているので、カモにされやすいのです。

日本国内にいると、道端でこのようなスリ被害に遭うことはほぼ皆無で、拳銃をつきつけられるような強盗事件もほとんどありません。「日本人は平和ボケしている」と言われてしまうのも仕方ないのかもしれません。

しかし、海外は日本国内ではありません。私がセキュリティコンサルタントとして言い続けていることは、日本人が海外に行くようになりはじめた1980年代とさほど変わっていません。中高年の方にとっては、昔聞いたことと変わってないじゃないかと思われるかもしれません。しかし、海外に行くのを大変なことだと思っていない若い方には、聞いたことのない話ではないでしょうか。

海外における危険というのは昔も今も変わらないのに、日本人の危機管理能力がどんど

ん低くなり、渡航後の被害ばかりがうなぎのぼりというのが実情です。

前述したケチャップ・スリやアイスクリーム・スリというのは、かれこれ40年以上前のガイドブックにも紹介されていますが、今の日本人にも十分通用する犯罪となっているのです。

本書で紹介した防犯術を実践していただければ、海外でのスリや置き引きに遭わずに済むということです。

ポイント

親子で寄付を募る、地図を広げて道を尋ねる。海外でのスリや置き引きは、昔からほとんど同じパターンだと肝に銘じておこう。

移動には、信頼できるタクシーなどを利用するのが一番

旅行や出張で海外に行く場合、信頼できる移動手段を確保するなら現地に住んでいる人

から情報収集するのが一番です。欧米でもアジアに行った場合でも同じです。日本の外務省も情報開示はしてはいますが、リアルな情報は現地で聞いたほうが詳しくて確かです。

日本人が渡航できる外国には、ほとんど日本大使館や日本の商工会議所がありますから、あらかじめ現地の日本大使館にメールなどで、「私は○月△日、そちらの国を旅行するのですが、移動手段としてどういう交通機関が安全ですか？」と、問い合わせしてみましょう。

例えば、ホテルや空港に待機しているのではない、道で拾う流しのタクシーには乗ってはいけない、お土産店などの前でたむろしているワンボックスカーで客引きをしているような連中を相手にしてはいけない、など具体的に教えてくれるはずです。

やはり一番いいのは、滞在するホテルのフロントにタクシーを手配してもらうのが安全でしょう。もしくは、現地の日本企業に知り合いがいる場合は、ふだん使っているタクシー会社を紹介してもらうのもいいでしょう。

ほかに最近増えているのが、日本でもおなじみのUber（ウーバー）のようなシステムの送迎・迎車サービスです。１００％安全とは言い切れませんが、このシステムの良いところは運転手が自分の情報を事前に登録してあり、利用客の評価もわかるようになっていることです。いわゆる白タクや流しのタクシーに比べると安全だと思います。

また、空港に着くと日本のようにブースを出しているタクシー会社やレンタカー会社がありますから、連絡先を調べておき、滞在期間は同じタクシー会社を予約して使うことをおすすめします。

ポイント

海外の移動手段では、流しのタクシーを使うのはNG。空港のカウンターにブースを出しているタクシー会社ならより安全です。

海外で急増？　知らぬ間にあなたがスパイになっている？

インターネットに接続するのに公共のWi-Fi（ワイファイ）を利用するのは、国内でも情報漏洩のリスクがあると指摘されています。それは外国に行っても基本的には同じです。

そこで私自身が海外赴任や出張をする際には、重要書類の作成や閲覧、送受信などは公共の場ではしない、公共のWi-Fiを使用しないと決めています。

つい移動中などにビジネスメールを確認したり、作成したりしがちですが、重要な書類は宿泊先のホテルや現地の会社内、国際会議場など、インターネットのセキュリティ対策がされている場所で扱うように徹底しています。

例えば、飛行機の搭乗までの空き時間に空港内のロビーなどでPCを広げてメールの送受信をしているビジネスマンを見かけますが、じつは非常にリスクがあります。それは外国の諜報機関に傍受されている可能性があるからです。

そうは言っても、仕事で海外に行ったら、ネットを使わないわけにはいきません。そこでおすすめなのが、日本から海外渡航用のWi-Fiをレンタルして持参する方法です。とくにアフリカや中東の一部の国では、公共の場でも、ホテルや空港でも、ネットに繋がらないこともザラにあるので、日本からWi-Fiをレンタルしていくほうが安全面からもおすすめです。

ただし、Wi-Fiに関して警戒すべき国は中国です。中国では、Wi-Fiはすべて傍受されていると考えてください。あなたの通話、通信、送受信データ、閲覧記録など、Wi-Fiを経由したものはすべてが国にチェックされて情報が抜き取られている、と考えて利用してください。もちろん電話やファックスもすべてです。

また当然ですが、ネットでも中国に関する噂話や悪口を発信したりすることは絶対にやめてください。中国にいる間は、「壁に耳あり、障子に目あり」の場所にいると肝に銘じておきましょう。

逮捕には至っていないので表には出てきていませんが、実は中国から帰国する際に空港で何時間も（あるいは何日間も）足止めされている日本人はたくさんいるのです。その多くは、スパイ容疑をかけられたためです。中国の情報を持ち去ろうとしている、または中国にとって良くない情報を日本に広める可能性がある、とみなされると拘束される恐れがあります。

それもこれも、中国での滞在中にネットによるやりとりを傍受されたことがきっかけとも見られています。

また、中国政府は2024年7月1日より、中国を訪れる観光客のスマホやPCの中身を抜き打ちチェックすると発表したようです。ビジネスマン、観光客のチャイナ・リスクはいっそう高まっています。

ポイント
国によってはWi-Fi経由でのネット上のやりとりすべてを傍受され、スパイ容疑をかけられるケースがある。

海外でトラブル回避の言葉（フレーズ）を覚えておこう

せっかく海外に行くのですから、現地の言葉や習慣などを知っておくことは有意義でしょう。ですが、たった数日間の旅行のため、あるいは海外出張のために現地の言葉をネイティブレベルでマスターするのは難しいと思います。

そこで、ここでは海外でトラブルが起きた際に役立つフレーズをいくつかお伝えします。現地の言葉で「助けて」という言葉など、最低限のフレーズはいくつか覚えておきましょう。

とくに英語圏ではない国で「ヘルプミー！」と叫んだところで周囲には伝わりません。

トラブル回避の言葉

英語	
「助けてください」	Help《ヘルプ》 me《ミー》 !
「バッグを盗まれました」	my《マイ》 bag《バッグ》 was《ワズ》 stolen《ストールン》
「具合が悪いです」	I’m《アイム》 not《ノット》 feeling《フィーリン》 well《ウェル》
ドイツ語	
「助けてください」	Bitte《ビッテ》 helfen《ヘルフェン》 Sie《ズィー》 mir《ミア》 !
「私はハンドバッグ（財布）を盗まれました」	Handtasche《ハンドタッシェ》（Mein《マイン》 Portemonaie《ポルトモネー》） ist《イスト》 mir《ミア》 gestolen《ゲシュートレン》 worden《ヴォアデン》.
「具合が悪いです」	Ich《イッヒ》 fühle《フューレ》 mich《ミッヒ》 nicht《ニヒト》 wohl《ウォール》.
スペイン語	
「助けてください」	Socorro《ソコーロ》
「泥棒」	Ladrón《ラドロン》
「病気」	Enfermo《エンフェルモ》
フランス語	
「助けてください」	Au《オー》 secours《スクール》！ Aidez《エデ》-moi《モワ》！
「警察を呼んで」	Applez《アプレ》 la《ラ》 police《ポリス》！
「バッグ（財布／スーツケース／パスポート）を盗まれた」	On《オン》 m’a《マ》 volé《ヴォレ》 mon《モン》 sax《サック》（mon《モン》 portefeuille《ポルトフィーユ》 / ma《マ》 valise《ヴァリーズ》 / mon《モン》 passeport《パスポート》）

外務省「海外安全ホームページ」より

現地語で自分の危険を知らせる言葉をいくつか知っておけば、生存率を高めることができます。

外務省の「海外安全ホームページ」には、「イザというときの各国語表現集」が掲載されています。これがとてもわかりやすくて便利なので、主だった国の緊急時のフレーズを紹介します。外務省のホームページも参考にしてみてください。

ポイント

海外で使える「緊急時のフレーズ」を最低限覚えておこう。

こんな人は、海外で痛い目に遭いやすい

外事警察時代やセキュリティコンサルタントをしている現在に至るまで、海外で犯罪被害に遭う人たちのケースをさまざま見てきました。

そこで感じたのは、被害に遭う人には「共通項」がいくつかあることです。これらの特

徴をお伝えしていきましょう。

「人の言うことを聞かない人」

旅行会社や我々のようなセキュリティコンサルタントの「こういう行為は危険だから注意してください」、というようなアドバイスを全然聞かない人、聞いても気にも留めない人は、残念ながら海外で実際に危険な目にあう可能性が高くなります。

「旅慣れている人」

繰り返しになりますが、何度も海外に行ったことのある人、若い人でも海外留学や赴任の経験があり、自分は「旅慣れている」「その国の情報をよく知っている」と思っている人ほど、気のゆるみや過信から犯罪被害に遭いやすくなっています。

海外での油断は、命取りになります。旅慣れたバックパッカーが、「前回の渡航で被害に遭わなかったから、今回も大丈夫」という気のゆるみから、強盗に身ぐるみ剝がされた、という事例は山のようにあります。

私は警視庁在職中、外務省に派遣されて、在南アフリカ日本国大使館に勤めていましたが、その時も「強盗にあった」と助けを求めに来た人たちは、何度も海外でバックパッカーをした経験がある人、アフリカに仕事で3年ほど赴任していた人など、「これまでも強盗に遭っていなかったから大丈夫」と思い込んでいる人たちが多くいました。

そういう海外旅行のベテラン勢に共通している「過信と油断」が、強盗事件などのトラブルに巻き込まれる要因となっているのです。

「警戒心の薄い、そそっかしい人」

警戒心が薄く、そそっかしい人も海外で犯罪に遭遇しやすいと言えます。そういうタイプの人は、大使館が発信している情報などはほとんど見ず、そもそも「安全」に関する意識が低いのが特徴です。

本当は、街中で「怪しげな人」を見つけているのに、すぐ「ま、いいか」とスルーしてしまうのは海外ではとくに危険です。

ポイント

海外でトラブルに遭いやすい人に共通するのは、「過信」と「油断」。

「自分は大丈夫！」という思い込みは排除しよう。

第六感を働かせて！　怪しいと感じたら安全な場所に避難を！

私は常々、「変なことや行動をしている人を見かけたら、距離を置くように」と伝えていますが、この「変なことや行動をしている人」というのは、感覚的な部分が大いに関わってきます。不審人物を発見するときというのは、それこそ自分の警戒心による第六感が反応しています。これは国内外、共通です。

家を出たときや職場を出たとき、ショッピングモールで買い物をしているときなどに、「おや？　変だな」と思った直感が、不審者を発見するサインです。本能レベルで警鐘を鳴らしている状態です。

例えば、海外の大きなショッピングモールで買い物をしたあと、帰るために駐車場に向かっているとします。自分の車を見つけたものの、その近くで数名の現地の人らしき男たちが話していたとします。

このシチュエーションに遭遇したとき、まず「おや？　変だな」と思いませんか？　このとき、「まあ、いいか」と思うか、「ちょっと怪しいから、あの人たちがいなくなってから車に近づこう」と思うかが大きな分かれ道です。

「まあ、いいか」と判断して、直感に従わずに自分の車に近づいてしまい、トランクを開けて荷物を載せているところを襲われる……という事案は実際に起きています。

繰り返しになりますが、やはり、「おや？」と思ったときに警戒心を強く持つことが大切なのです。

私が赴任していたアフリカの国では、強盗に関する事案が非常に多かったため、駐車場などに常駐しているガードマンにチップを渡して、駐車場まで一緒に帯同してもらうという護衛法を駐在日本人にアドバイスしていました。

また、駐車場などに意味なくたむろしている連中がいたら、「離れた場所から彼らの動きを観察して、大丈夫だと思ったら動きましょう」とアドバイスしたこともあります。

周囲の状況を把握してから行動を起こしても遅くはありません。「おや？」と思った時に、その直感をないがしろにしないことです。

ショッピングモール以外の場所では、例えば、家を出た時に、ふだん見かけない車が停まっていたり、見慣れない人が家の前をウロウロしていて危険を感じたら、一旦、家に戻りましょう。

また見慣れない人が自宅からちょっと離れたところにいるのであれば、車の特徴を覚えておき、次の日にもいるかどうか警戒することが大事です。

こういう時に役立つのが、前述した外務省や日本大使館が提供している現地の犯罪情勢です。自分が訪れる国ではこういう犯罪が流行っている、あるいは日本人が被害にあったこういう事案が発生している、などを知っていれば、ある程度、トラブルを避けることができます。

駐車場で起こる窃盗犯罪に限って言えば、車の中にはできるだけ物を置かないことも大事です。窃盗犯は駐車場をうろうろしながら、盗むものがないか車内も物色して、ターゲットを定めているからです。

助手席にバッグを置いていたら、走行中でも駐車中でも格好の餌食。持ち物が見えないようにしておくというのも一つの防犯対策です。

ポイント

人間は本来、怪しい対象者を無意識レベルでキャッチしている。第六感のセンサーを信じて、違和感のある相手から距離をとること。

急増する「海外出稼ぎ売春」で日本人女性が税関で足止め!?

2023年以降、急増したのが、ホスト通いしていた女性客たちが飲み代を払えなくなり、店への借金を返済するために、新宿で立ちんぼ（道行く人に売春の声掛けをすること）をしたり、ホストから風俗店で働くよう強要されてお金を稼ぐ事例がメディアで取り上げられました。

これらのホストクラブなどでの料金を返済させるために、客に売春をさせたり、性風俗店での業務を紹介したりすることは、売春防止法や職業安定法で禁止されています。

日本国内では、悪質なホストクラブの経営者を売春防止法違反で検挙するなどして、取り締まりを強化したことで、こうした事案は減りつつあるようです。

しかし、抜け道を海外に求めて増えつつあるのが、「海外出稼ぎ売春」です。これは、ホストクラブに借金をつくった女性客に、ホストが海外売春エージェントを紹介し、海外で売春させるケースです。

また、ここ最近は、闇バイトの掲示板で、「今なら海外で、旅行しながら月1000万円稼げる！」という誘い文句につられて、「海外出稼ぎ売春」をする若い日本人女性が増えています。

行き先はアメリカ、カナダ、マカオが多く、エージェントによっては渡航費、宿泊代を出すこともあり、「海外旅行気分で、手っ取り早くお金を稼ぎたい」と、飛びつく女性が後を絶ちません。

売春で稼いだお金は米ドルでもらえるため、いまは円安なので大きく稼げる可能性があります。なかには、エージェントに仲介料を取られても、1週間で200万円から300万円稼ぎ、1か月で1000万円稼いだケースもあると聞きます。

さらに、日本国内から「海外出稼ぎ売春」に行くケースだけでなく、海外でワーキングホリデー（若者に海外生活をしながら、その間の一定の就労を認める制度）をしている若者を、「もっと稼げるバイトがある」と誘いこんだり、実際に現地で売春をしている知人から誘われて売春して稼ぐケースが増えています。

例えば、普段は田舎町のワイナリーで働いている女性が、閑散期で働けない時期に売春エージェントに登録して、モーテルなどで客待ちして売春するケースがありました。

これらの「海外出稼ぎ売春」の恐ろしいところは、本人は「ちょっと稼いだら辞めよう」くらいの軽い気持ちでも、エージェントから「もし辞めるなら、不法就労で警察に突き出すぞ」と脅かされて、抜けられなくなることです。

ワーキングホリデーは登録している就労先以外、働いてはいけない決まりになっていますから、最悪は逮捕、実刑判決をうける可能性もあります。

また、客に指定された場所に出向いて売春するケースがほとんどなので、現地で客からお金を支払ってもらえなかったり、暴力を振るわれたり、違法ドラッグを飲まされたり、性病をうつされたりなど、危険な目にあう可能性も高くなります。

売春行為が摘発されて逮捕されると、10年間はその国への入国を拒否されることもあります。

不法に働いている事実は、ワーキングホリデーでも、日本から出稼ぎに行くケースでも同じなので、簡単に稼げるという安易な気持ちで関わると、予想以上のリスクがあると思って間違いありません。

さらに、「海外出稼ぎ売春」が増えたことで、困ったことが起きています。それは、普通に海外旅行に行くつもりなのに、日本人女性だということで「海外出稼ぎ売春」を疑われて、税関で入国拒否されたり、長い時間、別室で聞き取りをされたりするケースが出てきたことです。

とくに、海外での旅行スケジュールを決めずに行く場合は注意が必要です。税関で旅行目的やスケジュールを英語できちんと説明できないと、売春目的で来たのかと疑われて入国できないこともあることを知っておきましょう。

これまで、日本人は良識があり、日本のパスポートは偽造がほとんどないことから、世界でもっとも信頼されていました。海外の税関で旅行の目的を聞かれたときも「サイトシーイング（観光）」と言えば通してもらえたのは、そのためです。

しかし、出稼ぎ売春のようなケースが多発すると、税関での説明義務を求められることが増えると予想されます。

日本国内では、特殊詐欺グループと、海外売春エージェントが組織的につながっているところもあり、今後も予断を許さない状況です。

ポイント
「海外出稼ぎ売春」のリスクは大きい。高収入に惑わされないこと。

セキュリティ

6

海外で事故やトラブルに巻き込まれたら？

海外の観光地で待ち受ける、「偽造品・模造品・ボッタクリ」

海外に行くとついつい財布の紐が緩むという人は多いと思います。観光名所を巡ってそぞろ歩きをしていると、そこかしこで売り子の呼び声が飛び交い、「旅の記念に何か買おうか」と思うことがあるかもしれません。

しかし、ここで注意したいのは、「偽造品・模造品・ボッタクリ」です。

「偽造品・模造品」の見分け方というのはいろいろありますが、一番簡単なのは、「正規販売店以外や露店のものはニセモノと思え」ということです。

基本的に、路上や露店など、正規の場所以外で売られているものは、その場で真贋鑑定などはできないので、何をつかまされても文句は言えないです。たまにノミの市で「掘り出し物があった！」という話を聞きますが、非常に稀《まれ》です。

装飾品や絵画などの美術品、骨董品などで本物を購入したいなら、やはりホテルやデパート、折り紙付きのギャラリーなど、正規のところで買うようにしましょう。間違っても露店や客引きが連れて行くような店は利用しないのが鉄則です。

日本で購入することを考えてみれば、ロレックスを露天商から買う人はいないでしょう。

もちろん、現地ならではの民芸品などの土産物を買うのであれば、どこで買ってもいいです。高価なブランド品や美術品、骨董品に関しては、路上や怪しい店で買わないことです。

まがい物を買わされた挙句、荷物を置き引きされたり、店を出たところでスリに遭うこともあります。また、偽物と知らずに買ってしまった場合は、空港の税関検査で没収されます。もし偽ブランド品などを大量に持ち帰るなど悪質と思われる場合は、刑事告発されることもあります。

このように自分から犯罪リスクの高い場所に近づくような行為は、海外ではとくに厳禁です。

ポイント

海外の露店で売っている高価なブランド品・装飾品のほとんどは、まがい物。正規店で買うように！

海外あるある！　食中毒や感染症のリスクを甘く見るな

せっかく海外に来たのに、腹痛や発熱でダウンしたり、異国の地で入院にでもなったら、せっかくの楽しい旅行が台無しです。

まず、「海外では生水を飲まない」、これは大原則です。必ず未開封のペットボトルに入った飲料水を飲むこと。決して現地の生水や水道水を口に入れないようにしましょう。

日本に住んでいると、水道水をそのまま飲んでも大丈夫、という認識がしみ込んでいますが、海外では煮沸してからでないと飲用水にならない国や地域もあるのです。

また、意外に食中毒の原因となっているのが、氷です。レストランや街中のカフェで冷たい飲み物をオーダーした時に入っている氷は、現地の生水を凍らせているだけの可能性があるので、気をつける必要があります。

同様に、生野菜も要注意です。野菜を洗っている水自体が衛生的でない可能性があるからです。

ホテルのバイキングでも、国によっては、生のサラダ、生ジュースなどはチョイスしないほうが無難です。

このような健康に関することも、大使館や総領事館が出している「安全の手引き」に紹介されています。安全の手引きには、その地域の犯罪から交通事情、感染症、健康トラブル情報まで幅広く掲載されています。詳しくは、外務省の海外安全ホームページ内「国・地域別『安全の手引き』」を見てください。

●海外で要注意の病気

また、国によって気をつけるべき病気があるので、渡航前に確認しておきましょう。場合によっては予防接種が義務付けられています。

具体的には、アフリカで重度の感染症のリスクがあるのが「マラリア」です。世界3大感染症のひとつで、マラリアは〝寄生虫（原虫）由来の、生命を脅かす疾患〟です。

マラリアは蚊に刺されて感染する疾患なので、人から人には感染しません。マラリアの初期症状は風邪に似ており確定診断するのは難しいですが、放置しておくと24時間以内に重症化し、死に至る恐ろしく致死率の高い急性熱性疾患です。

WHOによれば、世界のマラリアの死亡者数の95％がアフリカに集中しており、なかでもナイジェリア連邦共和国、コンゴ民主共和国、タンザニア連合共和国、ニジェール共和国の4カ国が大部分を占めていると報告されています。

もしマラリア指定地区であるアフリカに行くならば、当然対策を講じなければなりません。一般的には、蚊に刺されないように虫よけスプレーやメッシュのジャンパーで防御することと、事前に日本で行える予防注射やワクチンが有効となります（ただし、マラリアの予防ワクチンはありません）。

実際に、アフリカに駐在した私がお勧めするのは、日本の虫よけ薬の活用です。スプレー式や塗るタイプのほか、ウェットティッシュ式の虫よけ薬もあるので、とても重宝しました。ウェットティッシュ式なら、飛行機の手荷物として携帯でき、機内にいるときから塗っておけるので使い勝手がいいです。現地に着いてそのままタラップを降りていくことができるので、リスクを減らせます。

また、狂犬病にも気をつけたいところです。狂犬病は発症するとほぼ100％死亡する恐ろしい疾患です。現在、日本国内において、犬などを含めて狂犬病の発生はないと報告されているので、若い人はあまり聞いたことがない病気かもしれませんが、国外は別です。

厚生労働省によると、国内では2006年11月にフィリピンで犬にかまれ、帰国後に狂犬病を発症して亡くなる事例がありましたが、この狂犬病の輸入感染事例でも1970年以降なかったものです。

じつは誤解している人が多いのですが、狂犬病は犬にだけ気をつければよい病気ではありません。国立感染症研究所によると、狂犬病ウイルスを保有するイヌ、ネコ、キツネ、リスおよびコウモリを含む野生動物に咬まれたり、引っ掻かれたりしてできた傷口から感染するほか、極めて稀に、濃厚なウイルスによる気道粘膜感染によって発症する人獣共通感染症、だと定義されています。

狂犬病のリスクのあるインドやパキスタンに行く場合は、事前に国内で狂犬病ワクチンを打っていれば恐れる必要はありません。大げさに言うつもりはありませんが、こういった情報を知っているか、知っていないかが生死を分けることになるのです。

このような感染症でなくても、異国の地で病気やケガをするととても厄介です。今は気軽に海外旅行に行けますが、病気やケガについても日本国内と同じ意識でいるのは危険です。どんなに海外生活に慣れていようとも、ご自身の生命を守るためにも、海外安全ホームページや「安全の手引き」は必ず読むようにしてください。

ポイント

海外で生水を飲むのは厳禁。マラリアなどの危険がある地域に行くときは、予防対策をしっかりする。

あなたもヘイトクライムのターゲット、偏見や差別、暴力から身を守るには？

当たり前のことですが、海外に行けばあなたも外国人です。日本人が、アメリカ人やフランス人、ロシア人などの白色人種、もしくは黒色人種の人たちの国籍が見分けがつかないように、現地の人にとっては、日本人と他のアジア人（中国や韓国など）との区別はつきません。

残念ながら海外に行くと、人種（見た目）による差別や偏見を受けることもあるのです。外務省の「海外安全ホームページ」によると、２０２３年9月に、アイスランドで「チャイナ」と連呼され、日本人が運転する車両が蹴られる事件が発生しています。また、特に２０２０年以降には全米各地でアジア系という理由で暴力被害に遭うというアジアン・ヘイト（憎悪犯罪）が多数発生しており、自衛に努めるようにとの注意喚起がされています。

アジア人への偏見や差別といったヘイトは昔からありますが、やはり、ここ2、3年のヘイトは、中国・武漢の研究所がコロナウイルスを撒き散らしたという噂が発端でしょう。

私は新型コロナウイルスが流行りだした頃、ちょうどアフリカへ出張していたのですが、その頃は「中国人は入国してくるな」という雰囲気一色でした。空港に着くと「お前は中国人か？」と聞かれ、「ジャパニーズ」と伝えれば、「ＯＫ」となって何もないのですが、そこには中国人に対する明らかな憎悪があったことを覚えています。

このようなアジア人に対するヘイトクライム（憎悪犯罪）というのは、先に挙げたアメリカ、北欧、カナダ、ヨーロッパでも多く見られます。これには大別して2種類あり、一つは、アジア人全般に対するヘイト、もう一つは、明らかに中国人に向けられたヘイトです。

ヘイトクライムでは唾《つば》をかけられたり、暴言を吐かれたりなどの嫌がらせや脅迫、暴行などがあります。いずれにしても、海外に行く際は、先に挙げた外務省や大使館、領事館が発信している情報を確認してください。

他にも、「アジア人へのヘイトクライム」についてネットで検索してみてください。するとニュースになった事件などがわかります。例えば、２０２２年7月、アメリカのオレゴン州で日系人家族に対するヘイトクライムが起きました。現地のアメリカ人から、日系人の父親と5歳の娘が暴力を振るわれた、と伝えられています。

自分が訪れる国や地域で、アジア人に対するヘイト、あるいは実際に日本人が被害に遭った事例があるかを事前に知っておくだけでも、自衛につながります。

●ヘイトクライムから身を守るために

日本国内にいると、自分に向けてのヘイトクライムを経験することがないため、どのようなことがきっかけでヘイトクライムが起こり、どんな危害があるのか予想がつかない人は多いと思います。

ただ、海外へ出張によく行く人や海外生活が長い人は、少なからずアジア人へのヘイトに遭ったことがあるでしょう。

また最近は、福島第一原子力発電所の処理水の海洋放出をめぐって、中国政府が強く反発しており、北京の日本人学校に石が投げ込まれたといった事案も発生しています。

では、実際にヘイトクライムに遭遇してしまったらどうすべきなのか？

一番の解決法は、「速やかにその場を離れる」、これに尽きます。とにかく早く逃げることが大事です。

日本人がターゲットになっているか、そうでないかにかかわらず、ヘイトクライムの現場に留まること自体が危険です。一刻も早く、ホテルなどの建物の中に入る、郵便局やガソリンスタンドなど人のいるところに入るなど、人目が多い場所で安全を確保してください。

アジアン・ヘイトは日本人である以上、誰でも遭遇する可能性があります。繰り返しになりますが、自分がこれから行く国や地域に、アジア人や日本人に対する嫌がらせや暴行事件などがあるのか、ないのかという情報を把握しておきましょう。外務省や大使館、領事館のサイトには、日時、場所、ヘイトクライムの内容、自衛法まで開示されています。そしてヘイトクライムに遭遇した際は、自分の安全を確保することを最優先に行動してください。

ポイント

アジア人に関する「ヘイトクライム」は欧米諸国で発生する可能性あり。
そんな場に遭遇したら即刻、その場を離れて安全を確保しよう。

外国で犯罪事件に巻き込まれてしまったら？

〈セキュリティ3〉でも触れましたが、犯罪事件に巻き込まれたときに大切なことは、第一に自分の身の安全を確保することです。犯人は銃などの武器を持っていることもあります。抵抗せずに犯人の言う通りに行動するようにしてください。

命を守るための最善の方法は、「抵抗しない」ことです。

仮に犯人が立ち去った後も、すぐに警戒を緩めてはいけません。例えば、そこが治安の悪そうなスラム街やダウンタウン、夕方以降の時間帯だった場合、二次被害に遭うことがあるからです。それこそ別の窃盗団に身ぐるみ剝がされることもあるからです。

まずは一般の人が多くいる場所、警察署や商店、市役所、郵便局、モールなど、できるだけ安全な場所を探して避難しましょう。そして安全を確保したら、次に警察や大使館、あなたが駐在員であれば自分の会社、家族などに連絡をします。今、自分が被害に遭ったこと、どこにいて身の安全は確保できているということ、何が盗まれたのかといったことを伝えてください。

そこで役立つのがP173でも紹介した「緊急連絡先一覧」です。もし、身ぐるみ剝がされて、パスポートもなければ小銭すらない一文無し状態になったとしても、ポケットに残った「緊急連絡先一覧」から日本大使館や総領事館に連絡をすれば邦人保護を受けることができます。そのためにも、「緊急連絡先一覧」は何枚かコピーして、財布やカバンの中、衣類のポケットや車の中、ホテルの部屋など、複数個所に置いておきましょう。

ただし、大規模な自然災害やテロなどに遭ってしまった場合は、避難場所や保護された場所から大使館へは自力で行かなければなりません。

また強盗に遭って逃げ込んだガソリンスタンドなどの場所から警察署に行く場合も、自分で行かなければなりません。もちろん、スマホがあれば大使館のスタッフと連絡を取り合うことはできますが、避難場所や大使館までは自力で移動しなければならないことは覚えておきましょう。そこからは大使館のスタッフが対応してくれます。

また、帰国直前でパスポートが盗まれた場合も、パスポートのコピーがあれば、帰国のための渡航書を大使館が発給してくれます。

また自分が遭遇したトラブルが刑事事件だった場合、いろいろ対応しなければならなくなります。警察が犯人を逮捕したら、当然ですが、現地警察の事情聴取を受けて調書の作成に協力します。さらに将来的に裁判になった場合は、出廷の要請などが来ることがありますが、多くはすでに帰国して対応できないことがほとんどです。協力なしのまま手続きが進みます。

また、海外で何かしらのトラブルに巻き込まれた場合でも、基本的には帰国してから日本の警察に報告する必要はありません。

ただし、本人、あるいは家族が誘拐されたり、人質に取られている時はすぐに、日本の警察にも報告をするようにしてください。「国際刑事警察機構（インターポール：ＩＣＰＯ）」を通じて日本の警察から現地警察に捜査の要請をしてもらわなければならないからです。

ポイント

海外での窃盗などのトラブルに遭った際、慌てて二次被害になる前に、頭の中にしっかり知識を入れておこう。

海外で盗難品が見つかっても、送ってはくれない

海外でスリやひったくり、置き引き、強盗に遭ったとします。後日、犯人が逮捕されて現地で奪われた腕時計や荷物などが出てきたというケースは、実際にあります。

その場合、まずは日本大使館に連絡が入り、大使館から本人に連絡がいきます。「盗まれたものが返してもらえる！」と喜んだのも束の間、ここからは個々のお国柄が出てきます。

その国の運送会社のシステムに着払いというものがあれば、着払い（こちらの費用負担）で盗まれたものが手元に戻ってきますが、そのようなシステムがない国や地域がほとんどです。

実際にあった話ですが、イタリア旅行に行った日本人が、現地で窃盗被害に遭い、帰国後に犯人が逮捕されて盗まれた腕時計も見つかったと連絡が入りました。しかし、現地に取りに来ないと返せないと言われ、泣く泣く諦めたそうです。

また、私が駐在していた南アフリカも、着払いというシステムがないので、盗難品が見つかっても南アフリカまで取りに行くしか方法がありませんでした。もちろん、大使館や

領事館、現地警察が代わりに発送費用を立て替えるというシステムもありません。そもそも論にはなりますが、窃盗の被害に遭わないこと、これに尽きます。

●ちょっとの隙でも盗まれる

もう一つ、驚くような手口の窃盗被害を紹介します。実際に、エチオピアで起きた日本人の被害事例です。

ある日、朝食をホテルのビュッフェでとっていたら、近くで現地人らしき2人の男たちが食事をしていたそうです。

するとその現地人の男に電話がかかってきて一人が席を立ち、ちょうど日本人がいるテーブルの近くで立ち止まり、通話を始めたそうです。

普通、電話がかかってきたら自分の席に着いたまま話す、もしくは席を立って店の外などで話をすることはありますが、ほかの客の席の近くに立って話すというのはマナー違反で、あまりないことです。

当然、日本人たちも「おかしいな」と思ったそうですが、「まあ、外国はそんなものか」と思って食事を続けていたそうです。

やがていつの間にか自分たちの近くで通話していた男も、同席していた現地人の男もいなくなっていました。

食事が終わって帰ろうとしたその時、やっと異変に気づきます。自分たちの足元に置いておいたバッグがなくなっていたのです。急いで警察に届け出て、防犯カメラを見ると、その現地人の男たちがまさに犯人でした。

その手口は電光石火の早業で、日本人の席のそばに立って通話していた現地人の男が、足元に置いてあるバッグをさりげなく足で蹴って動かし、もう1人の男が立ち上がって蹴ったバッグを持ち去っていく様子が映っていたのです。

もし、「おや？　おかしいな」と思った時に、手荷物を用心するなどしていれば防げる犯罪なので、ぜひご自身の直感を信じて警戒レベルを引き上げてほしいと思います。

ポイント

海外で盗まれたものが見つかった場合、現地まで受け取りに行くしかない。窃盗被害に遭わないのが一番。

海外で出会った日本人から「事件」に巻き込まれるケースも

海外にいると、日本人を見ただけで親しさを感じ、知らない人でもなぜか、知り合いや友人のようにすぐに受け入れてしまうことがあります。

しかし、そんな見知らぬ日本人や団体から頼まれごとをされても、毅然とした態度で「NO!」と断ってほしいものです。

例えば、あなたが先に日本に帰国するとします。その時に、海外で知り合った友人が、「私はまだ滞在するんだけど、急ぎで日本に荷物を届けたい。もし荷物に余裕があるなら一緒に持ち帰ってもらえないかな? 成田空港に着いた時に、この宛先に着払いで送ってくれればいいから」というお願いをされたとします。

実は、これ、かなり危険です。というのも、もし空港の税関検査に引っかかった時に、その預かった荷物が覚醒剤などの違法薬物だったりしたら、あなたは身の潔白を証明することがほぼできないからです。

海外の国立公園に生えている植物の標本も、ほとんどが、採取禁止ですし、国外への持ち出しも禁止です。実際に、安請け合いして、荷物を預かった日本人が税関検査に引っかかって、拘束され検閲されたところ、その預かった荷物の中に覚醒剤が入っていました。このケースは中国国内で日本人Aが、出国間際の日本人Bに中身が覚醒剤ということを知らせずに荷物を渡して日本へ持ち帰ってもらおうとしたところ、二人とも中国の警察に捕まったのです。そして覚醒剤を渡したAは懲役になり、受け取ったBは死刑判決を受け、死刑を執行されたということが実際にありました。

これも無知が招いた悲劇です。自分があずかり知らないもの、自分がパッキングしていないものを預かるというのは、たとえそれが会社の上司や知人から頼まれたものでも絶対にやめてください。

このようなケースでは、コロナ前に「現地からの預かりものを持って帰ってくれるだけでいい」というバイト募集がありました。これは犯罪グループの「運び屋」で、若い男女が知らずに巻き込まれています。

「これ、本だから一緒に持って帰ってくれ」と言われても、本の中に何か隠されているかもしれません。税関などを通過するとき、「これ、何？」って聞かれて「本です」と答えたものの、開けたら覚醒剤や象牙などが出てきてしまったら、あなたがいくら「私は知らない、預かっただけだ」と主張しても、税関の検査官も警察も信じてくれないでしょう。なぜなら「知らない、やっていない」は、悪いことをした人の言う常套句だからです。

相手が誰であろうと、他人からの荷物は絶対に預からないこと！　これを徹底してください。

ポイント
海外で他人の荷物を預かるのは絶対にダメ。知らないうちに、違法な物の運び屋にされてしまう危険性がある。

観光をしているだけなのに、スパイや密輸疑惑をかけられる!?

日本には、国防上の観点から立ち入り禁止になっているエリアをはじめ、普賢岳や桜島などの火山地帯、または神社や寺院の境内地などで、内部に入ることを禁じた場所はいくつかあります。しかし、ごく限られた場所なので、普通の人が普段生活している中では、あまり意識していないと思います。

海外にも立ち入り禁止区域があり、そこで得た情報や採取したものを国外へ持ち出すことは、ほとんどの国で固く禁じられています。

例えば、国立公園や自然保護区などで、きれいな石や植物があったので記念に持って帰ろうとして、税関検査で発見されるケースや、空港に持ち込んだ際、セキュリティチェックに引っかかってそのまま身柄を拘束されるケースがあります。

これは自然公園や動物保護区がなぜ設けられているのかを理解していないために起きる悲劇です。

自然公園や動物保護区だからこそ、そこにあるものを採取してはいけない、ということは常識として知っておくべきです。

また、露天商などから動物の骨などで作ったお土産を買うのも控えましょう。ごくまれに密猟された「ワシントン条約」違反のサイの角などが使用されていることがあるからです。これも見つかると、身柄拘束されます。通常は出国時に問題になりますが、帰国時に日本の空港でも尋問を受けたり、没収されたりします。

また、港や空港、ダム、発電所といった重要なインフラがある場所での写真や動画撮影は、〝基本的にどこの国でも禁じられている〟ということを頭に入れておいてください。

日本ではあまりうるさく言われることがないので、日本人にはいまいちピンとこないかもしれませんが、重要なインフラ施設というのは軍事攻撃の標的になるので、施設そのものでなく、その周辺の写真でも各国とも厳しく規制しています。海外のスパイが最も知りたいことの一つだからです。

写真や動画を撮影したい時は、一度周囲をぐるりと見渡し、「No Photo or Video」と注意書きの看板がないか、現地の人など、ほかの人が撮影しているかどうかを確かめてください。地元の人や観光客が撮影しているようなら、大丈夫でしょう。

実際に、周囲の確認もせずに安易に撮影を行ったために、その場で身柄を拘束された日本人は日本国内では報道されていませんが、結構多いのです。

ポイント

海外の空港や港、ダムは重要な国家機密扱いなので、撮影は禁止。それを破るとスパイ容疑をかけられることも！

「チャイナ・リスク」は、日々刻々と変わっている

近年、問題になっているのが「チャイナ・リスク」です。「チャイナ・リスク」とは、中国に関連するビジネスや投資を行う際に考慮しなければならないリスクのことを言います。

具体的なリスクとしては、政治的リスク、経済的リスク〈規制の変更、為替レートの変動、知的財産の保護不足、サプライチェーン〈供給網〉の不安定性〉などが挙げられていますが、とくに日本にとっては、歴史問題も不安要素のひとつとなっており、一つのニュースから日系企業が反日デモのターゲットとなり、被害を受けるなどの問題も生じています。

また「チャイナ・リスク」には、スパイ行為の容疑をかけられる恐れも強くあります。〈セキュリティ4〉でも触れましたが、中国国内での撮影は本当に気をつけなければなりません。

北京の天安門広場など、有名な観光名所であっても、写真撮影をする際は、制服の警察

官や「公安」と書かれた車両が写り込んでいないかどうか、しつこいぐらい確認してください。

知らずに警官や車両にレンズを向けると、「お前は今、何を撮っているんだ？　怪しいやつだ」と、強制的に警察車両や詰め所に連れていかれ、「今、撮った写真をすべて見せろ」と詰問されることがあります。

また、中国のような全体主義国家には、外国人の立ち入りを禁止する場所が多数あります。いわゆる情報統制地域です。この区域内に外国の情報が入ってくるのを避けるために、外国人や部外者の立ち入りを禁止しているのです。

この禁止区域がどこにあるのか、実際のところ、すべてが公表されているわけではありません。ただ、日本大使館や総領事館はほぼ把握しているので、ガイドブックに載ってないような地域に行こうとするなら、必ず確認しておくべきでしょう。

もちろん、新疆ウイグル自治区など中国政府も神経質になっている地域は、興味本位で行ってはいけません。

このような「チャイナ・リスク」が大きくなっているので、最近は中国への出張や赴任先がある企業でも、改めて海外安全研修やセミナーを実施するケースが増えています。

そこで伝えている事例の一つが、例えば、中国で書画や骨董品などをお土産として購入して、出国のために空港へ向かうと、セキュリティチェックで引っかかってしまうケースです。この時の当局の言い分は、「中国の文化財の持ち出しの疑い」でした。

この時、何が困るかというと、搭乗予定の飛行機に乗れなくなるおそれがあること。なぜなら、書画や骨董品が正規ルートで購入されたものかどうか、そもそもこれを国外に持ち出して大丈夫なのかどうかを検査官が調べるのに時間がかかるわけです。

こういった事態を防ぐには、事前に当局に届け出を出すということです。何も言わずに国外に持ち出そうとするから怪しまれるわけで、「○○というギャラリーで書画や骨董品を買ったので、日本に持ち帰ります」と伝えることも、「チャイナ・リスク」を回避する一つの方法です。

とはいえ、実際は、「チャイナ・リスク」の中身を十分理解している日本人や日本企業は、残念ながらまだまだ少ないです。中国に進出している日本の大企業でも、「チャイナ・リスク」に特化した研修を行って対策を講じている企業はあまりないのが実状です。

一般の方はリスクの高い国に行くのは最初から避けるべきですが、ビジネスマンなど仕事などで、どうしても行かなければならないケースがあるかもしれません。そのような場合、身柄拘束の危険をゼロにはできませんが、少しでもリスクヘッジになる特別な保険に入っておくという手もあります。

一番特別な保険としては、「誘拐保険」があります。

例えば、アフリカや中南米に行くと、ボコハラム（ナイジェリア北東部を主な活動の舞台とする過激なイスラム原理主義団体の俗称）などがしょっちゅう誘拐事件を起こしています。こういうテロや誘拐の多発地域に行く際には、誘拐保険に加入することをおすすめしています。これに加入しておけば、万が一、誘拐されたときの交渉や身代金の補塡などをしてくれるので、無事に帰れるケースも多くなります。それに近い保険に中国に行く際に加入する企業もあります。この保険は保険料がものすごく高いですが、危険地域に赴く際の心強い味方といえます。

備えあれば憂いなし！　しっかりと情報を収集して有事に備えることが大切です。

外務省の渡航情報や危険情報は、渡航先の危険度をレベル1～4と分類し、その時々の状況で更新していますから、これもチェックするようにしてください。※危険度レベルは同じ国でも地域によって異なることがあります。

（※以下の危険度レベルの地域は、２０２４年5月時点のもの）

●レベル1「十分注意してください」
その国や地域への渡航、滞在に関して危険を避けるため特別な注意が必要です。
（ペルー、中国、インド、南アフリカ共和国、香港など）

●レベル2「不要不急の渡航は止めてください」
その国や地域への不要不急の渡航は止めてください。
（ミャンマー、インドネシア、エジプトなど）

●レベル3「渡航は止めてください（渡航中止勧告）」
その国や地域への渡航は、どのような目的でも止めてください。
（ロシア、パキスタンなど）

●レベル4「退避してください。渡航は止めてください（退避勧告）」
その国や地域に滞在している方は滞在地から、安全な国へ退避してください。
（イラク、アフガニスタン、リビアなど）

日本外務省の渡航情報で注意を促している地域に、仕事などで行かなければならないときは、日本大使館や総領事館にもう少し突っ込んだ情報を尋ねるのもいいでしょう。

「この国のこの地域には、少数民族がいっぱいいると聞いたのですが、外国人が行っても問題ないですか？」と聞けば、治安が最悪な状況であれば「現時点で、外国人が行くのは好ましい場所ではないですね。目的はなんですか？」と聞いてくれます。そこで例えば「仕事で〇〇をするために行きます」と言えば、「では、こういうことに気をつけてください」と注意やアドバイスを受けることができます。

ポイント

チャイナ・リスクは、日々変わっている。最新の情報をもとに確認しよう。

万が一、海外でテロに遭遇したとき、とるべき行動とは？

日本ではテロ事件は少ないですが、最近では２０２４年3月のロシアのコンサート会場でイスラム国による無差別発砲テロがあり、多くの人々が亡くなりました。
また、2024年4月にパキスタンのカラチで働く、日本人のエンジニアが乗る車を標的とする自爆テロが発生しました。実はこの事件は、中国人に間違われた可能性もあります。とくに自爆テロの対策は難しいのですが、取るべき対応は知っておくことが、命を守る上でとても重要になります。

テロというのは、予測不可能です。いつ、どこで起きるのかわかりません。そもそも事前に日時や場所がわかっていたら、テロとは言えません。ただし、テロの現場にいあわせてしまった、あるいは巻き込まれてしまった時のシミュレーションをすることはできます。

外務省の外交官は、各国に駐在する前に「テロ対策研修」を受けます。予想ができない、あるいは予想が難しいとはいえ、過去に起きた事件の傾向から、この時期に、こういう場所がターゲットになる可能性が高い、といったことは想定できます。

例えば、世界中でテロが起きている場所というのは、アメリカ大使館やイスラエル大使館などテロ組織からターゲットにされている国の外交施設です。これは国際情勢から言っても、標的にされやすいものです。

そのほか、イスラム教のモスクなどの宗教施設、国の記念日などを祝う式典（戦勝記念日、独立記念日など）、大掛かりなイベント会場なども警戒が必要です。こういった標的にされやすい場所には安易に近づかないことが、テロに巻き込まれない自衛策の一つです。

では、実際にテロに遭遇してしまったらどうすべきか？　例えば、どこかで銃声やドーンという破裂音や地響きがした時には、まず、

・身を低くする
・物陰に隠れる
・シアターやスタジアムなどであれば、座席よりも低いところに頭を隠す
・爆発の場合は、手荷物や腕などで頭部を守るようにする
・大きなしぐさや発声は犯人らの注意を引き付けるので慎む
・爆発や銃撃が止んでいるのであれば、それらがあったのとは逆の方向で、より安全な場所に移動する

といった行動をすぐにとってください。

こういう有事の際の訓練は、日本で生活している私たちは基本的に受けていません。銃声や爆発音なども、ほとんどの人が聞いたことはないでしょう。だからこそ、知識として知っておくことが、いざというとき、明暗を分けるのです。

ポイント

海外ではテロの標的になるような大使館や宗教施設には、なるべく近寄らないこと。

あとがき

本書を執筆している間にも、各メディアから多くの取材を受けました。残念ながら、世間を騒がせる大きな事件が多くなっているようにも感じます。

その一つは、栃木県那須町の河原で２人の遺体を焼損させた事件。実行犯はすぐに逮捕されましたが、事件の全容解明には不可解な部分も多いと私の見解をコメントしました。

また２０２４年４月には、パキスタンのカラチで日本の企業関係者が乗った車が何者かに襲撃され、日本人１人がケガを負い、同乗していた現地警備員１名が死亡する事件がありました。テロ組織などによる犯行声明は出されていませんが、私は現地の状況などから中国人と間違われて日本人が襲われた可能性もあると思っています。

個人的な怨恨などが背景にあるならともかく、事件や犯罪に巻き込まれないようにすることはできます。そのポイントは本書で示しました。

これだけメディアで啓蒙しても特殊詐欺の被害は減る気配がありませんし、一般人をターゲットにしたスパイのアプローチと被害も、じつは水面下では増えつつあります。

「知らない人があなたに寄ってくるのは、セールスか詐欺のため」と割り切ってしまうくらいでも、今の世の中では正解なのかもしれません。

私がよく聞かれるのは「怪しい人物の見分け方はあるのか」ということです。

そんなとき私は、「第六感を磨いてください」とお話ししています。

「電車の中でなんか挙動不審な人がいる」「家の前に知らない車が止まっている」など、日常生活のなかで「おや、変だな?」とキャッチする感覚をまずは養っていただきたいのです。

第六感は、人間に本来備わっている「自分の身を守る防衛本能」とも言い換えることができます。

防犯の知識と防衛本能の両方をもつことが、大切なのです。

私はこれからも、その両方をお伝えする防犯コンサルタントとして、皆さんのお役に立ちたいと思います。

最後に、本書の制作にかかわってくださったすべての皆さんに、心から感謝します。

松丸　俊彦

[お役立ちサイト]

◎災害に便乗した悪質商法

国民生活センター

https://www.kokusen.go.jp/soudan_now/data/disaster.html

◎DV・ストーカー対策

警察庁情報発信ポータルサイト

https://www.npa.go.jp/cafe-mizen/

メールけいしちょう（※東京都内の情報になります）

https://www.keishicho.metro.tokyo.lg.jp/about_mpd/joho/mail_info.html

防犯アプリ　Digi Police（デジポリス）

https://www.keishicho.metro.tokyo.lg.jp/kurashi/tokushu/furikome/digipolice.html

◎海外旅行、海外出張する人に

外務省海外安全ホームページ

https://www.anzen.mofa.go.jp/

たびレジ

https://www.ezairyu.mofa.go.jp/tabireg/index.html

イザというときの各国語表現集

https://www.anzen.mofa.go.jp/c_info/languages.html

海外安全　虎の巻（外務省）
〜海外旅行のトラブル回避マニュアル〜

https://www.anzen.mofa.go.jp/pamph/pdf/toranomaki.pdf

松丸俊彦（まつまる・としひこ）

セキュリティコンサルタント、防犯コンサルタント、元警視庁公安部捜査官。

警視庁に20年以上勤務。主に公安部外事課で防諜（カウンターインテリジェンス）及び全大使館のセキュリティアドバイザーを担当。大使館のセキュリティアセスメント（警備診断）や、大使や外交官へのセキュリティブリーフィングなどを実施。2002年日韓共催W杯サッカー大会ではロンドン警視庁と共にフーリガン対策に従事。その後、在南アフリカ日本大使館に警備対策官兼領事として勤務。現地警察との連絡体制を確立し、2010年南アフリカW杯サッカー大会における邦人援護計画を作成。また、スワジランド（現エスワティニ）、ボツワナ、ナミビア、レソトの国々の邦人援護にも当たる。

退職後は、外務省、JICA、JOGMEC、JETRO、日本在外企業協会、民間企業、学校などに対するコンサルティング、研修、訓練などを実施、外国に赴いての現地調査やセキュリティアドバイスも行っている。（株）ノンマドファクトリー代表取締役社長。日本在外企業協会海外安全アドバイザー。テレビ、新聞など多くのメディアでも情報発信している。

ノンマドファクトリー　https://nonmadofactory.net

元公安、テロ＆スパイ対策のプロが教える！
最新リスク管理マニュアル
激増する国際型犯罪から身を守るために

第1刷　2024年5月31日

著　者　松丸俊彦
発行者　小宮英行
発行所　株式会社徳間書店
〒141-8202 東京都品川区上大崎3-1-1 目黒セントラルスクエア
電話 編集（03）5403-4344　販売（049）293-5521
振替 00140-0-44392

印刷・製本 中央精版印刷株式会社

乱丁・落丁はおとりかえ致します。

ISBN978-4-19-865836-6